电梯里的古希腊

HOW TO FIT ALL
OF ANCIENT GREECE
IN AN ELEVATOR

〔希腊〕西奥多罗斯·帕帕科斯达斯
(Theodore Papakostas) ———— 著

谢赛珠　钱颖超 ———————— 译

中国出版集团
中译出版社

HOW TO FIT ALL OF ANCIENT GREECE IN AN ELEVATOR
by Theodore Papakostas
First published under the title Χωράει όλη η αρχαιότητα στο ασανσέρ in Greece by Key Books, 2021
Copyright: © Theodore Papakostas, 2021
Simplified Chinese language edition published in agreement with Ersilia Literary Agency through The Artemis Agency.
Simplified Chinese translation copyright © 2024 by China Translation and Publishing House
ALL RIGHTS RESERVED.

著作权合同登记号：图字 01-2023-3168 号

图书在版编目（CIP）数据

电梯里的古希腊 /（希）西奥多罗斯·帕帕科斯达斯
(Theodore Papakostas) 著；谢赛珠，钱颖超译 .
北京：中译出版社，2024. 9. -- ISBN 978-7-5001
-7953-5

I.K125

中国国家版本馆 CIP 数据核字第 2024LS4652 号

电梯里的古希腊
DIANTI LI DE GUXILA

出版发行	中译出版社
地　　址	北京市西城区新街口外大街 28 号普天德胜大厦主楼 4 层
电　　话	（010）68005858，68359827（发行部）68357328（编辑部）
邮　　编	100088
电子邮箱	book@ctph.com.cn
网　　址	http://www.ctph.com.cn

出 版 人	乔卫兵
总 策 划	刘永淳
策划编辑	赵　青　朱安琪
责任编辑	范祥镇
文字编辑	赵　青　马雨晨　朱安琪
装帧设计	黄　浩

排　　版	北京竹页文化传媒有限公司
印　　刷	天津市银博印刷集团有限公司
经　　销	新华书店

规　　格	880 毫米 ×1230 毫米　1/32
印　　张	10
字　　数	196 千字
版　　次	2024 年 9 月第 1 版
印　　次	2024 年 9 月第 1 次印刷

ISBN 978-7-5001-7953-5　定价：78.00 元

版权所有　侵权必究
中译出版社

时间如掷骰稚子，王权亦在其手中。＊

——赫拉克利特（Ηράκλειτος）

＊ 原文为古希腊语和现代希腊语两种表述，意为"时间是一个玩骰子的儿童，儿童掌握着王权"。——译者注

古希腊历史时间表 [1]

距今约 350 万年

旧石器时代 [2]：人类于自然之中诞生，直立行走、制造工具、点燃火种。旅途开始！

距今约 1.5 万年
中石器时代：一些东西开始改变。

公元前 7000 年

新石器时代 [3]：人类种植植物，蓄养动物，剪毛挤奶，建造房子。

约公元前 3000 年

基克拉底文明：大理石、海水、阳光和雕像。

米诺斯文明：宫殿、财富、奢华生活，以及线形文字 A。

迈锡尼文明：战争、王宫、传说，以及线形文字 B。也是诸多艺术和文学作品的灵感之源。

公元前 1050 年 — 黑暗时代：苦难与复苏

公元前 900 年

几何时期：信史时代的开端，更实用的新文字出现，文明飞速发展。

公元前 700 年—前 500 年

古风时期：艺术、哲学、戏剧。文明熠熠生辉。

公元前 490—前 480 年

两次希波战争：波斯帝国霸凌失败。

公元前 480—前 323 年

古典时期：古希腊文明的巅峰和最大的内战。

公元前 336—前 323 年

亚历山大大帝横空出世，创建帝国

公元前 323—前 30 年

希腊化时期：很多王国，很多纷争。

公元前 31 年

罗马人统领地中海，与希腊人相亲相爱。

公元 324 年[4]

罗马帝国迁都至希腊东部，在古城原址建立君士坦丁堡，希腊古代至此结束。

关于古希腊历史时间表的说明：

[1] 希腊考古学界与我国考古学界认定的各时期时间和用语略有不同，本书为尊重作者的考古学成果和语言习惯，未对时间做过多修订。——编者注

[2] 根据《辞海》(第七版) 释义，旧石器时代是考古学上石器时代的早期阶段，共历时二三百万年。目前国际上对该时期的具体时间并无定论，考古学界多认为该时期距今约 330 万年。——编者注

[3] 根据《辞海》(第七版) 释义，新石器时代是考古学上石器时代的最后一个阶段，开始于八九千年以前。此处作者强调希腊的新石器时代的开始时间，因此本书以公元前 7000 年开始计算。——编者注

[4] 公元 324 年，东西罗马帝国重新统一，拜占庭（Byzantium）就被定为罗马帝国的新首都，彼时这个城市被君士坦丁大帝命名为"新罗马"（Nova Roma）。直至公元 330 年，该城市又改名为"君士坦丁堡"。——编者注

推荐序一

本书所涉及的主题非常广泛，不仅涵盖的历史时间跨度久远，而且故事内容精彩并富有多样性。从 350 万年前的旧石器时代直到公元 324 年——罗马帝国从罗马迁都到希腊东部，在拜占庭古城遗址上建立君士坦丁堡，希腊历史学家所定义的古代结束，要将这么长的一段时期以一种简洁明了的方式呈现出来，并不是一件容易的事。

作者巧妙地利用困在电梯里的两个人——一位是考古学家，另一位显然是一个对希腊历史仅仅一知半解的普通人——的设定，成功地通过他们的对话将这段浩瀚的历史进行了凝练。这两个人被困在电梯里，在他们脱困之前共处的这段时间里，作者通过考古学家之口向读者讲述了那些影响希腊历史乃至世界历史的里程碑事件。

因此，本书的书名叫作《电梯里的古希腊》。作者西奥多罗斯·帕帕科斯达斯博士本人也是一位考古学家，他创造性地将历史学、考古学（有时作为其叙述的载体）与频繁跳转的古希腊人物小故事相结合，向读者介绍了这一宏大且极具挑战性的主题。

本书概述了人类从旧石器时代到新石器时代的历程及其主要成就。我觉得书中对希腊基克拉底群岛繁荣的基克拉底文明的展示，以及对著名的基克拉底雕像的描述特别有趣。在希腊各个博物馆中的基克拉底雕像前，我总是充满了钦佩和惊叹，尽管这些雕像描绘的人物形象至少已有5000年的历史，但它们有着无与伦比的技艺、简洁而永恒的现代风格。随后是辉煌的米诺斯文明在希腊克里特岛上蓬勃发展起来，直到今日，其文明遗迹仍然是人们参观游览的胜地。我曾经多次到访这里，其中最著名的是克诺索斯宫殿。而作者生动描绘的另一个时代的奇迹是圣托里尼岛上的史前古城阿科罗提利，这座古城在公元前17世纪被火山灰完全覆盖，因而完好无损地保存了下来，让我们得以在圣托里尼欣赏到它独特的爱琴海风光。

接着，约公元前3000年，基克拉底文明、米诺斯文明、迈锡尼文明在伯罗奔尼撒半岛相继出现。而克里特岛和希腊其他地区则成为希腊神话的重要源泉，同时也将其传遍了整个西方世界并影响了全世界的文学、艺术和科学。书中提到了公元前1050年希腊文明的"黑暗时代"，一个持续了约150年的短暂时期。令我印象深刻的是，几千年后的西欧，始于公元5世纪左右的黑暗中世纪持续了大约1000年。而与之相对的东欧，情况却并非如此，直到公元15世纪，罗马帝国的继承者，也就是拜占庭帝国，其文化仍在繁荣发展。

在书中，作者通过必要的方式简要、优美地描绘了古希腊文化和技艺的发展历程及重要突破。其中一个突破是作为社会和政治组织架构的城邦开始扩张，另一个在全球文明中留下深刻印记的突破是希腊文字的发展，它增加了元音并改变了原有的发音，使得人类第一次能够用独特的字母来表示相应的人类语言。我一直觉得很有意思的一点是，今天所有西方语言和斯拉夫语系使用的字母表，是在距离雅典几公里的地方构思出来的第一个希腊字母表的变体。几何时期也是陶器和诗歌的里程碑时期，这一点书中的考古学家在电梯里已向他的朋友做出了很好的阐释。之后，公元前776年，世界上第一次奥林匹克运动会标志着希腊史前时代的结束。

这本书强调了公元前700年左右的古风时期对希腊艺术、诗歌、戏剧和文学的总体发展的重要性，对此我深表认同。这个时期城邦结构最终定型，希腊人继续在地中海东部、小亚细亚、西西里岛和意大利南部殖民。这些殖民地（希腊子邦）是由希腊移民建立的新城市，与其他欧洲国家数千年后实行的殖民主义毫无关系。希腊和中国一样，都热爱和平，主张国家、民族、人民之间的和谐共处。

两次希波战争分别标志着古风时期的结束和古典时期的开始，电梯里有备而来的考古学家清晰而全面地向我们解释了迄今为止仍在影响全球历史的希腊文化的各个主要方面，还引用了历史人物和相关故事来丰富文章的叙述，增加了阅读的趣味性。两次战争的结束带来的是雅典城邦的崛起以及黄金时代的到来。艺术、科学、哲学开始腾飞。雅典赋予了世界一座无与伦比的卫城，时至今日，每当我参观的时候，依然为它的美丽震撼不已。卫城的重要装饰部分在19世纪被一位外国"贵族"偷走了——在这里顺便说一句，几十年后，掠夺并破坏中国颐和园的就是他的儿子。历史上的这些巧合佐证了我原有的看法——希腊和中国在文化历程上有着惊人的相似性，这值得我们进一步深入探讨、分析和研究。

书中讲述了雅典与斯巴达的争霸以及希腊马其顿王国的崛起。马其顿国王亚历山大大帝人格魅力给世界历史留下了不可磨灭的希腊色彩。作者直截了当地将亚历山大大帝作为一个"人"呈现出来，突出他的天赋而不掩盖他的弱点。这么做的目的不是进行评判，而是帮助读者了解那个时代的主角。随后讲述了亚历山大大帝的继任者们在亚历山大大帝34岁逝世之后，如何在其帝国的土地上建立起了4个王国。埃及最后一位托勒密王朝的法老克利奥帕特拉女王在罗马帝国的形成初期遇到了罗马人尤利乌斯·恺撒和安东尼。之后罗马统治了当时已知的整个西方世界，将希腊世界纳入了古希腊和古罗马的"文化联姻"中，作者准确地将这场联姻描述为"最奇特的联姻"，我想补充一下，它也是"最美妙的联姻"。

公元324年，罗马皇帝君士坦丁大帝在罗马帝国的希腊东部（拜占庭古城的原址），建立了君士坦丁堡作为其帝国的新首都。至此，古希腊世界振奋人心的历史结束了。

以上简介只是本书丰富内容的简述，是考古学家帕帕科斯达斯博士在电梯里同他的新朋友交谈内容的一瞥，其中所描述的是希腊历史上一个特别漫长的时期，也是最重要的一段时期。

在我看来，帕帕科斯达斯博士值得称赞，他成功地将古希腊的一些里程碑事件恰当地放入了这本篇幅相对较短的书中，从而印证了书名《电梯里的古希腊》的合理性。从这个意义上来说，这本书为可能并不精通西方历史的读者提供了动力，使得他们可以在了解这些里程碑事件的基础上，去寻找更多关于古希腊的知识，因为古希腊在很大程度上塑造了当代世界。

对古希腊和希腊历史、艺术、科学、神话、哲学等领域的研究，除了能让读者收获知识、心灵愉悦的享受之外，还能帮助读者了解西方人的思维方式，以及西方人是如何看待时间、历史过往和历史发展的。尤其对中国读者而言，本书可以引导大众更好地初步熟悉与理解希腊文明——中华文明在西方的姐妹文明。

约25年前我第一次访问中国的时候，我印象很深的是，尽管两国地理位置相距甚远，但我能立即感受到一种深厚的精神纽带，一种中国人民和中华文明之间特殊的文化亲和力。这可以解释为两国都有着悠久且辉煌的历史，然而这并非全部原因。希腊人民和中国人民继承的不仅仅是两种卓越的文明，而且是两种至今仍然在持续并影响全球文化的世界级文明。这个简单的事实让我们两国人民对彼此倍感亲切，甚至得以体现在个体接触中。

希腊人不会将中国人视为陌生人，更不会将他们视为威胁或敌人。相反，希腊人欣赏中国人，并在文化上将他们视为兄弟，给予他们应有的尊重。毕竟，我们对彼此并不陌生。我们两国人民在几千年前，远早于其他西方人来到亚洲之前，便已相遇。亚历山大大帝在中亚建立了几十座城市，其中一座以他的名字命名的城市便在距离中国新疆约 300 公里的地方。丝绸之路联结中国和西方已有两千多年，在其众多目的地中，先有罗马帝国的首都罗马，后有君士坦丁堡，也就是自公元 4 世纪开始一直持续到公元 15 世纪的希腊 - 罗马帝国，也叫拜占庭帝国——西方伟大的文化、政治和经济帝国。

《电梯里的古希腊》一书对于那些善于在旅行中发现新目标并永远对新鲜事物充满好奇的旅行者来说，是一场漫长、愉悦、获益良多的旅程。中国有一句古话："千里之行，始于足下。"希望大家从阅读本书开始，迈出探索希腊之旅的坚实第一步。

  埃夫耶尼奥斯·卡尔佩里斯博士（Dr. Evgenios Kalpyris）

  希腊驻华大使

  2024 年 3 月

推荐序二

电梯里装得下古希腊吗？电梯里当然装不下古希腊，但我们的想象力可以。

作为一门科学，考古学是现代的产物，但是人们想象过去的能力是与生俱来的。然而，当19世纪考古学作为一门学科出现时，它处于一种浮夸而又"真空无菌"的状态。考古有点儿像文学——在野外的"文学"。

后面的事情你们就都很了解了：经院哲学、模棱两可的考古结论、神秘主义和寻宝狂热，还有近距离观察希腊人、埃及人、泰国人、土耳其人和墨西哥人的民族历史叙事。自流行文化强势地进入各国，"尚古"梦想被国际化，神职人员被污名化，每个民族都致力于从考古学中获得历史实实在在存在的证据，以印证那些辉煌的传说。在20世纪即将结束时，当印第安纳·琼斯[①]与劳拉·克劳馥[②]秘密相遇时，我们在希腊正经历着自己的"韦尔

[①]《夺宝奇兵》系列电影的主角。——译者注
[②] 系列动作冒险游戏《古墓丽影》及其相关衍生电影、漫画、小说的女主角。——译者注

吉纳综合征"①，为"古代的幽灵"所迷惑。但令人意想不到的是，这些"幽灵"其实都是鲜活的。

在我看来，西奥多罗斯·帕帕科斯达斯（Θεόδωρος Παπακώστας）写下这本书，是做了一件业内人士至今为止不敢尝试的事情。作为一位才华横溢的考古学家，他既有渊博的学识，又有丰富的考古现场经验。他把"专业"的考古学和"流行文化、粉丝文化"的考古学结合在一起。他一点儿也不避讳开历史的玩笑，调侃历史在我们生活中扮演的角色。他不怕调侃他的学科，并邀请我们进入他的考古世界：颠覆性的、合法化的、不受几个世纪以来的认识论所束缚。

作者是一个讲故事的人，他在互联网上自诩一名"考古说书人"。他带着考古学知识和求知精神，用一种既幽默又极具颠覆性的方式，把大家带回了古希腊的学院。于是，对不熟悉历史（包括希腊的和全世界其他国家的历史）的读者来说，"古代"突然间变得更友好了，对我们这些"专家"来说也是如此。

电梯里装不下古希腊的全部故事，但是我们的想象力可以，我们的内心深处亦可以。

迪米特里斯·普兰佐斯（Δημήτρης Πλάντζος）
2021 年 1 月

---

① 韦尔吉纳（Βεργίνα）是一个位于希腊北部的小镇，其考古遗址中发现有马其顿王国的皇室墓群，其中可能有亚历山大之父腓力二世和亚历山大四世的墓穴，里面发现了珍贵的壁画和黄金饰品。韦尔吉纳综合征是指一种"寻宝式"的考古，被希腊考古学家认为偏离了考古原有的目的。——译者注

作者的话

时间是一个玩骰子的儿童,儿童掌握着王权!

——赫拉克利特

本书的写作有两大目的:一是在不需要读者掌握专业知识的前提下,向他们轻松、快速、简单地介绍古希腊;二是回答有关考古学的常见问题。考古学其实就在我们身边,但很多人对它缺乏了解。这本书诞生于社交网络中一个名为《考古说书人》的科普栏目。科普也是考古学的一种表现形式,专家可以通过科普将科学信息传递给自愿的信息接收者,也就是受过教育的普罗大众。阅读本书的体验可以被看作一次穿越整个古希腊的旅程,从希腊史前时代的开端到被定义为希腊古代世界的终止,通篇没有让读者敬而远之的学术用语。读完本书后,读者将了解古希腊所有重要时期及其主要特征,能对古希腊有一个完整的了解和认识。同时,读者收集到的任何有关古希腊的新信息都能填充到这个大框架下,这有助于他们之后更好地吸收这部分新知识。

本书叙述按古代各时代的时间顺序编排,并穿插式地回答了我从社交媒体栏目《考古说书人》上收集到的关于考古学的最常见问题。古代的划分有很多种，本书采取的是大众广为接受的划分法，共分为十二章，就像古希腊十二主神一样。本书书名是《电梯里的古希腊》，那么，电梯里装得下古希腊吗？我将把这个问题交由读者决定。当然，本书受篇幅所限，不可能一一描述所有古代故事，所以需要判断哪些部分应该省略、哪些部分应该保留，这是特别痛苦的选择。如果这本书都装不下古希腊，那么电梯里怎么可能装得下呢？但是最终，古希腊的精髓还是可以出现在电梯里、记录在一本书中、印刻在我们的脑海里，这样我们就能与它一路同行。我在这里还要提前说一句，也许之后有人会认为我漏掉了许多故事，我虽然不可能把所有的事情都讲述一遍，但我也十分欢迎您留下想听的故事和建议，有机会我将会为您讲述！

我要感谢基尔基斯古迹局（Εφορεία Αρχαιοτήτων Κιλκίς）的所有同事，撰写本书期间我在那里工作。我要特别感谢尤尔依亚·斯特拉杜莉（Γεωργία Στρατούλη）局长、我的直属上司耐克塔里奥斯·步拉卡基斯（Νεκτάριος Πουλακάκης），以及玛利亚·法尔玛基（Μαρία Φαρμάκη）、斯塔玛迪斯·哈基杜鲁西斯（Σταμάτης Χατζητουλούσης）和玛格达·帕尔哈利鲁（Μάγδα Παρχαρίδου）。同样，我还要感谢塞萨洛尼基考古博物馆（Αρχαιολογικό Μουσείο Θεσσαλονίκης）的老同事们，在他们的帮助下，我作为一名考古工作的新手学到了很多东西。我还要感谢来自希腊各地的《考古说书人》的同事们，他们全力、真诚地支持我，他们中大多数人来自希腊国家考古博物馆（Εθνικό Αρχαιολογικό Μουσείο）、比雷埃夫斯和岛屿考古局（Εφορεία Πειραιώς και Νήσων），以及克里特（Κρήτη）、埃托利亚-阿卡纳尼亚（Αιτωλοακαρνανία）、拉科尼亚（Λακωνία）、普雷韦扎（Πρέβεζα）和阿夫科拉（Άβδηρα）等地。我还要感谢那些邀请我去授课的大学考古学教授们，如雅典大学的艾弗利迪基·凯法利鲁（Ευρυδίκη Κεφαλίδου）和马尔蕾·穆利乌（Μαρλέν Μούλιου）、约阿尼纳大学（Πανεπιστήμιο Ιωαννίνων）的阿勒克桑德拉·阿勒克桑迪利鲁（Αλεξάνδρα Αλεξανδρίδου）、克利奥帕特拉·恺撒利乌（Κλεοπάτρα Καθάριου）以及爱奥尼亚大学（Ιόνιο Πανεπιστήμιο）的斯塔夫罗斯·步利佐斯（Σταύρος Βλίζος）等。我还要感谢一些特别的同事（太多了，很遗憾无法在这里一一列举），不管他们是不是属于考古机构的工作人员，在《考古说书人》栏目运作的这些年来，他们一直支持我并向我分享一些积极的评价。能得到同行的支持和夸奖是一件非常美好的事，我希望他们能明白这一切对我来说有多么重要。感谢瓦西丽基·普里阿齐卡（Βασιλική Πλιάτσικα）和科斯塔斯·帕斯哈利迪斯（Κώστας Πασχαλίδης），我们的相知相识是从网上的争论开始的。感谢塔索斯·贝基阿利斯（Τάσος Μπεκιάρης），他深厚的史前知识给予了我很多帮助，这也是我嫉妒他的地方！感谢斯迪利阿娜·卡利尼基（Στυλιάνα Γκαλινίκη）和塔苏拉·迪穆拉（Τασούλα Δημουλά）的咖啡、讨论和无尽的支持。感谢瓦西利斯·迪莫斯（Βασίλης

Δήμος），他从20世纪我们还在阿尔比恩①（Γηραιά Αλβιόνα）做同学时就陪伴着我，直到现在他读完我的这本书，给予了我很多帮助！我还记得当我把这本书的第一版寄给雅典大学古典考古学教授迪米特里斯·普兰佐斯时，当时整本书的行文方式还不是对话，而是我的独白，他看完后向我提出了一个绝妙的主意："你为什么不把这本书写成对话体呢？"对！就该如此！对普兰佐斯教授的这一提议，他所有的建设性批评以及对《考古说书人》栏目开创至今的所有支持，我都非常感激。他的贡献是无价的！我甚至可以用一句流行语总结："任何错误和失败都是我的，与那些支持我、给我建议的人无关。"这句话站得住脚！另外，也要谢谢你，妈妈，谢谢你，阿姨。

我要感谢整个"TED（技术、娱乐、设计）大会×雅典"团队，他们在我还没明白发生什么之前就选择了相信我。以及（坚持住，马上结束了），我要感谢雅尼斯（Ιωάννης）、乔治（Γιώργος）、维丽（Βίλλυ）、迪米特里斯（Δημήτρης）、伊娃（Εύα）、拉扎罗斯（Λάζαρος）、海伦（Ελένη）、赫里斯托斯（Χρήστος）、克里斯汀娜（Χριστίνα）、乔治（Γιώργο）、亚历山大（Αλέξανδρο）、索菲亚（Σοφία），还有杰瑞（Jerry）。

最后，我要感谢我的经纪人伊万杰里娅·阿夫罗尼蒂斯（Ευαγγελία Αυλωνίτη），她从一开始就信任我并持续地支持我。

---

① 在古希腊语里是大不列颠岛的古称，也是英国最古老的名字。时至今日，它有时仍被用来作为该岛的雅称。——译者注

我还想对要籍出版社（Key Books）的优秀团队表示钦佩和感谢，他们付出了巨大的努力，全身心地相信这本书及其理念！另外，我们不能忘记塞萨洛尼基考古博物馆的前馆长莉亚娜·斯代法尼（Λιάνα Στεφανή），很遗憾她在一个平安夜过早地离开了我们。我们从2007年相识，一直到2019年，她一直是我身边的朋友和榜样。在刚开始面向大众进行考古学科普时，我只是简单地以真名发表我的作品，是莉亚娜告诉我："起一个笔名吧，这样会更好一些。"她是对的，这也是我开始用"考古说书人"作为笔名的原因。

西奥多罗斯·帕帕科斯达斯（Θεόδωρος Παπακώστας）
2021年

目　　录

引　　言 / 1

第一章　开天辟地 / 9
石器时代 / 11
问答：何为考古学？ / 30

第二章　爱琴海之蓝 / 35
基克拉底文明 / 37
问答：谁是第一位考古学家？ / 48

第三章　起来跳舞吧，我的小可爱，嗨起来 / 55
米诺斯文明 / 57
问答："考古学不仅仅是发掘"是什么意思？ / 71

第四章　如果我疯了，我会起身离开 / 77

迈锡尼文明 / 79

问答：文物如何断代纪年？ / 91

第五章　是什么缺失了？是哪里出了错？我的心在哭泣 / 95

黑暗时代 / 97

问答：为什么考古学界存在诸多分歧？ / 105

第六章　附近有一棵柠檬树正在开花 / 111

几何时期 / 113

问答：那些最"糟糕"的问题——古希腊人是否会这么做、那么做，或者他们会怎么做？ / 124

第七章　扬帆远航，直面苦难 / 127

古风时期 / 129

问答：我不会再说那些令人难以理解的词语了——为什么考古学有这么多术语？ / 154

第八章　英雄无泪，英雄无惧 / 161

希波战争 / 163

问答：古城和古物为什么会被埋在地下那么深的地方？ / 170

第九章　就如春天到来！/ 173
古典时期 / 175
问答：什么是考古发掘中最重要的发现？/ 215

第十章　全副武装，征战四方 / 219
亚历山大大帝 / 221
问答：为什么神话传说如此混乱？/ 232

第十一章　咱们推行别的政治体制吧 / 235
希腊化时期 / 237
问答：古代有黑暗的一面吗？/ 254

第十二章　多么致命的温柔 / 261
罗马时期 / 263

后　　记 / 277
参考书目 / 291

注：本书各章标题均源自希腊歌曲名。

引　　言

我们两个陌生人面对面站在电梯里。他看着我，眼珠一转，激动地喊道："万物流变①！"

我知道这件事单独来看有点儿奇幻，因为从客观上来讲，这样的语句通常不会从陌生人口中听到，更别提还是在一部电梯里。

这一切都始于一件始料未及却又非常单纯的意外事件：我们被困在电梯里了！

倒也没必要惊慌。这是一部宽敞的现代化电梯，而且还是玻璃观光电梯，就是购物中心里常见的那种很气派的电梯，能让你进去之后在上升过程中高兴得像个小孩子一样。当然了，你会努力地掩饰自己的兴奋，毕竟你已经是个成年人了。

从电梯的玻璃墙能看到商场的中庭，阳光与庭中的榕树和花坛交织在一起，广播里传来独特的希腊流行歌曲。而且正如前面所说的，我并不是单独一人，我还有个伴儿呢。我面前站着一个家伙，显然，在我进电梯的时候，这个人的长相丝毫没有引起我的注意，但是此刻这家伙正静静地盯着我看。我们打电话叫了救

---

① 出自古希腊哲学家赫拉克利特的哲学观点，即"万物流变，无物常驻"（Τα πάντα ρει, μηδέποτε κατά τ'αυτό μένειν）。——译者注

援，聊了几句之后，似乎也没有其他什么选择了，所以，我们决定做一件目前唯一能做的事：聊聊天，打发时间。自我介绍之后，他问我是做什么工作的。

"我从事考古工作。"

"考古学家？挺好的！我小时候也想成为考古学家。当然了，关于古代我也记不得多少东西了，只大概记得伯利克里（Περικλής）、苏格拉底（Σωκράτης），以及奥林匹斯山①（Όλυμπος）上的那些神明。啊！对了，我还记得古人说的一句话……咦？让我想想怎么说来着……"他一手捂着脸，一脸沉思。"万物流变！"他突然大叫一声，洋溢着满意的微笑。

"从根本上讲，这并不是古人们普遍的说法……这句话是古代哲学家赫拉克利特的格言，确切来说，这句话也不是赫拉克利特说的，而是柏拉图（Πλάτωνας）对赫拉克利特哲学观点的总结。但是不管怎么说，这真的是一句美妙又睿智的格言。"

他盯着我，那目光像是要努力搞清楚我到底是个疯子还是个呆子。可能是不想冷场，为了打破尴尬，他说道："古人们总说些很棒的话，对吧？都是至理名言。"

"唉，也不是所有的话都是至理名言，只不过有很多被引用的名言在历史中被保留了下来。"

"那你最喜欢的是哪一句？"

"嗯……最喜欢的倒也没有，不过赫拉克利特有一句话让我

---

① 奥林匹斯山位于希腊北部，即希腊神话中众神的居住地。但为与希腊南部的奥林匹亚（即奥运会发祥地）做区分，现多使用"奥林波斯"这个译名。——译者注

印象很深刻。"

"就是说出了'万物流变'的那个人?"

"没错。他还有另外一句名言:'逐出竞赛加以鞭笞之于荷马(Όμηρος)乃其咎由自取,阿尔基洛科斯①(Αρχίλοχος)亦然。'②"

"哦,好吧,多有启发性啊,不过你觉得我能理解吗……"

意识到他抱怨得有道理,我解释道:"这句话的意思是,荷马就活该被踢出竞赛并挨打,阿尔基洛科斯也一样。"

"就这样?这哲学家说的都是什么蠢话。"

话虽如此,他的眼中却闪着好奇的光芒。

"这可不是蠢话。"

"哦,那好吧,但这句名言也不适合文在身上!我原本还以为他会说出什么睿智的话呢。"

"这是另外一种观点,他要表达的是:那些权威、名流,以及那些被赞颂的人,并非总是值得赞颂,只不过因为我们从父辈和祖辈那里所学到的便是如此罢了。"

"也就是说,荷马不值得赞颂?这就是那个家伙想要向我们表达的?这叫什么话!"

我本来可以不回话的,但是看到有人对这种与众不同的观点指手画脚,我的内心就像被一条虫子啃噬一样,心痒难耐,不吐不快,让我忍不住想说说我的工作和我的学科(我记得在我的心理治疗过程中讨论过这个毛病)。

---

① 生活在公元前7世纪中叶,古希腊抒情和讽刺诗人。——编者注
② 原文为古希腊语。——编者注

"那个'家伙'所说的内容是相对的,我只是把它阐述给你听。赫拉克利特认为,那些被赞颂的人并不是都那般神圣伟大,我们从祖先那儿得到的传承也一样,我们之所以对此深信不疑,只不过是因为我们所受的教育就是如此罢了。总的来说,这是一种对权威的挑战,赫拉克利特敢于表达另一种不同的观点,甚至敢于质疑全希腊乃至全世界最伟大的诗人。"

"行吧,"他不以为然地挑了挑眉,"荷马我是知道的,但是另一个,就是你提到的那个阿尔基洛科斯,他是谁?"

"阿尔基洛科斯是一个抒情诗人,他喜欢写抒情诗歌。"

"谈情说爱的浪漫小诗?"他微笑着问。

"不是爱情方面的,是抒情,抒发一些感情的诗歌。"

那一刻,他的眼神有了些许变化。我继续说道:"可惜他的那些精妙的诗歌没有一首能完整地流传下来。他是帕罗斯岛(Πάρος)人。"

"那'抒情'是指什么?"

"不要纠结于'抒情',我指的是在古希腊七弦琴里拉的伴奏下吟唱出来的诗歌①,这种音乐形式不像荷马写史诗一样歌颂过往的荣耀,而是反映当下和人们的日常生活,就好比我们所说的民间通俗音乐。"

"哦,也就是说阿尔基洛科斯是一个音乐家!你刚才说他是帕罗斯岛人?然后是写抒情诗歌的?那不就像雅尼斯·帕里

---

① 希腊语中"抒情的"(λυρικός)这个词源于一种叫"里拉"(λύρα,古希腊七弦琴)的乐器,古代的抒情诗歌指的是在里拉伴奏下吟唱出来的诗歌。——译者注

奥斯①（Γιάννης Πάριος）？"

"嗯，可以这么说，就是古代的帕里奥斯。阿尔基洛科斯的行为模式跟我们所知道的古人的行为模式不太一样。确切来说就是：在一场战役中，他很害怕，在恐惧的支配下他退缩了，把盾牌一丢就逃命去了——但他不仅不为在战役中退缩而感到羞愧，还为此写了一首诗。"

"你是在跟我开玩笑吧！你知道这首诗写的什么吗？"

"知道的。"

"写的什么？别再跟我说古文啊。"在我开口之前他赶忙说道。

"意思大概就是：敌人看到我的盾牌很高兴，我赶紧把它丢进草丛去逃命！这对我来说都不算事儿，只要我人还好好的，再弄一个一样的就行。"

"他把盾牌丢了就跑了？这不可能！古人们不是说'或胜利持盾而归，或战死卧盾而归'②吗？怯懦退缩是一种耻辱！"

"'或胜利持盾而归，或战死卧盾而归'是斯巴达（Σπάρτη）人流传下来的说法，但不是所有的古人都信奉这种说法。除此之外，我跟你说，哪怕阿尔基洛科斯拿自己在战役中的懦弱来开玩笑，他可是在整个古代都非常受欢迎的诗人，就像我们前面说的，赫拉克利特把他和荷马放在了同等的地位。"

"哎呀，你说了这么多名字，都把我搞晕了。这些人分别生活在什么时期？而且其实吧，有句话不知当讲不当讲，你们这些

---

① 希腊音乐家。——译者注
② 这一句的原文是"Ἢ τὰν ἢ ἐπὶ τᾶς"。——译者注

考古学家和历史学家为什么要这么费劲地去钻研呢?我都不知道现在还有谁会认真地对待古代那些东西。虽说那确实是伟大的时代,我们建造了帕特农神庙,发展了哲学,可是现在这些又有什么用呢?不过是用来打发时间罢了。"

"哎,别这样抹杀整个学科!考古学存在是有道理的。"

"有什么道理?哪里需要它?"他带点儿挑衅地问。

"好吧,这是个好问题,让我来回答你。比方说在某个美妙的早晨,你醒来发现自己失忆了,不记得你的爸爸和妈妈是谁,也不记得你的爷爷、奶奶、外公、外婆是谁。那么,很显然你肯定会去看医生,对吧?"

"对。"

"好的。现在我们假设你的医生跟你说'一切都好''这是可以治的',让你不用担心。但是他给你提了一些相反的建议,给了你两个选择:第一个是进行治疗以便恢复你已经失去的关于过去的记忆,第二个是保持这种意识清醒但是失忆的状态。现在让你来选,你是想选择记得并知晓自己的过往,还是想保持这种对自己的过往一无所知的状态?"

"我当然想记得过往。"

"为什么想要记得呢?"

"为什么啊……好吧,朋友,虽然我们的过往可能不是一直都很美好,而且如果可以的话,我们也不愿想起家庭生活失和的那些细节。但是,过去发生了什么事、是谁带给我生命、又是谁带给他们生命、这些人都是怎样的人、我们在一起的那些美好时刻、那些我需要帮助或者我给别人提供帮助的时刻……如果这些都不记得，还有什么值得记住呢？我当然想要拥有这些记忆，至少为了追溯既往病史也得记住吧。但是我们说的这个，是关乎我自己的生活呀！"

"没错！既然你说了你选择恢复那天早上丧失的记忆，那么基于同样的原因，人类也需要考古，因为我们需要知道自己是从哪里来的。我们没有办法用个体保存自身记忆的方法来保存人类过往的共同记忆，因此我们需要这门科学，因为它可以帮助我们了解究竟是什么地方出了差错，才使得人类走到今天这一步。如果可以的话，我们也希望做一些改变，搞不好还来得及自救。"

"人类共同的记忆跟我有什么关系呢？"

"你不也是全人类的一分子吗？你是想像个机器人一样麻木地活着，还是想了解你周围的世界，构建你自己的世界观？如果你愿意活得像工厂里的机器，没有思想，日复一日只是睡觉、醒来、吃饭、工作，这是你的自由。但对你来说，这样就够了吗？不论你做的是什么工作，从事的是什么行业，都需要了解前因后果，总不能盲目开干吧。否则你会吃亏的，对吧？从这一点出发，不断地扩展开来，就会发现整个人类社会也是同样的道理。"

"好吧，说得有道理，考古学确实不错。但也是一团混乱，而且教给我们的东西也不全对……"

"你看啊，'教给我们的东西也不全对'这句话大家都知道，但这句话也是一个借口。就算是量子物理学也不能说教的东西全是对的。你觉得'社会只需要学校教的那些东西就够了'这种说法合理吗？人们有一个错误的认知，认为教育就是从上学开始，到毕业结束。但学无止境。考古学是一门很好理解的科学，我们很容易对它进行领悟和探索。你成年之后有独自探索过吗？"

"我能探索什么呢？从哪儿下手啊？它不是一团混乱吗？比如说，我不知道什么是先发生的，什么是后发生的，不知道亚历山大大帝（Μέγας Αλέξανδρος）是哪个时期的，奥德修斯（Οδυσσέας）、苏格拉底、迈锡尼（Μυκήνες）、米诺陶洛斯①（Μινώταυρος）又是哪个时期的。哪怕你是研究这个的，你也未必能用简单的话跟我讲明白他们的顺序吧？"

他狡黠地微笑着，明显以为他那番话会使我气馁并把我给打发了，然后从我这里得到否定的回答。

"当然！我现在就可以告诉你，用简单的话讲给你听。反正我们有的是时间。"

这是他始料未及的，他带着疑惑的表情盯着我看，像是要努力猜出我是不是在跟他开玩笑。我沉默地保持着微笑。

"很好，"过了一小会儿他说道，"但是我饿了，有什么可以吃的吗？"

我往电梯地板上一坐，他也一样，两个人就这样一起盘腿坐在电梯地板上。我把手伸进袋子里，抽出一包薯片，打开包装，放在中间请他吃。电梯的广播里播放着各种各样的希腊歌曲，作为我们即将展开的谈话的背景音乐。在下一段音乐开始的时候，他拿起一片薯片，放进嘴里，随着一声"咔嚓"，我开始讲述……

---

① 即希腊神话中被忒修斯杀死的牛头怪。——编者注

第一章

开天辟地

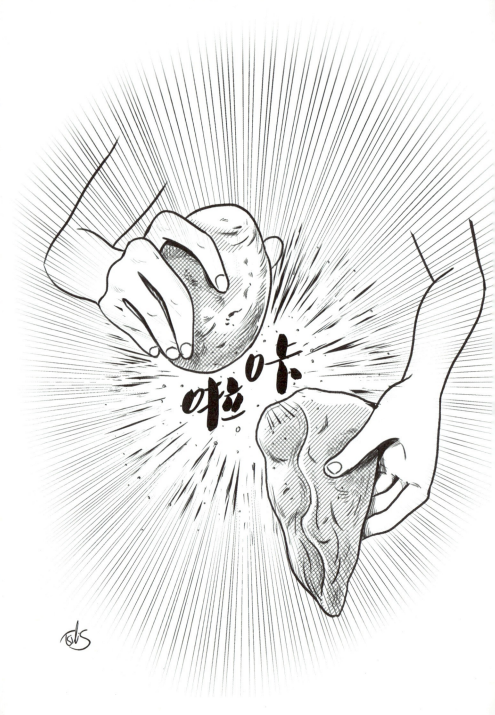

石器时代

"那么,我们就从头开始说起吧。"

"好的,"他谨慎地看着我,"所有的一切是从哪儿开始的呢?"

"从爱开始。"

"你说什么?"

"我开玩笑的。只不过,根据希腊神话,最早从黑暗和混沌中诞生的是爱神厄洛斯(Ἔρωτας)。"

"真的吗?也就是说一切因爱而生?"他微笑着,狡黠地摇摇头。

"一直都是。事实上,一切都是因为权力和爱而发生。"

"还因为金钱!"

"金钱不过是权力最好的外衣。"

"那爱的外衣呢？是什么？"

"我的朋友，爱都是赤裸裸的，不过我们就不再探讨哲学问题了——刚刚我们说到了史前。"

"你不跟我讲古希腊吗？"

"别着急，我们后面就会讲到古典时期，肯定能解开你的很多疑惑。但是史前也是古代的一部分。"

"史前，你指的是穴居人、蒙昧的野人之类的？"

"蒙昧的野人？你想象中的史前人类究竟是什么样的？"

"就是有点儿……笨……有点儿……那啥的吧！"

"这是我们每个人都会犯的错误。我们都认为时间的推移能促使思想发展，因为在我们个人的观念里，总把历史看成一个人的'人生放大版'，然后不由自主地认为我们现代人处在这个放大版'人生'的'成年'阶段，导致自然而然地认为先辈们是处于人类发展的'童年'阶段。"

"嗯，但你也不能说人类思想没有进化！"

"当然有进化，还进化了很多，而且一代比一代进化得多。只是，史前人类虽然可能是从零开始，但他们可不是傻子，他们只不过跟我们不同罢了。如果史前人类是傻子的话，他们根本不可能生存下来。你知道猎食大型野生的四脚动物有多艰难吗？"

"你是说长毛象之类的？"

"可不只是长毛象，野牛难道就容易抓吗？"

"我又没抓过,我哪儿知道啊。不过我小时候在乡下抓过母鸡。"

"我觉得咱们讲的这两类动物之间还是有些不同的。"

"对,确实……而且说实话,我小时候连一只母鸡也没抓到过。他们是如何抓住野生动物的?"

"很明显是使用了最强大的武器——大脑!比如我们有资料表明,在那之后的几个时期,人类把成群的野生动物赶到精心准备好的小道上,动物们只能沿着小道一路跑到悬崖边,然后在慌乱之中摔下悬崖死掉。这种方式完全有可能在远古时期就已经被采用了。"

"太聪明了!但无论如何,人性是永远不变的,对吧?"

"哇,你开启了一个宏大的话题。你要是问我的话,我会说根本就不存在人性,存在的是'人的动物性'。饥饿、口渴、排泄、疼痛、哭泣,这些都是我们生理的一部分,而不是我们的心性,心性是我们通过不断塑造形成的,我一会儿展示给你看。"

"那么,史前人类跟我们究竟有什么不同呢?"

"在某些方面毫无不同,但是在其他方面又非常不同。他们与我们的思想观念肯定是不同的。但他们肯定是有情感的。"

"为什么你对这方面这么肯定?"

"因为当你发现有一些旧石器时代的人被'庄重'地埋葬了,就说明肯定有人为他们哭泣过,有人因为某个人离开了他们的生活而悲伤过。那时候,肯定会有人担心怀孕的年轻女孩能不能顺利度过严冬，会有人忧虑为什么狩猎的队伍迟迟不归，会有女人在看到地平线上出现的人影比离开时少了的时候会焦虑地分辨来人中有没有她爱的那一个，并为此双腿发软、心跳加速、担惊受怕。另外，这些人对他们自身及其周围的世界也有着不一样的认知。"

"怎么说？"

"很简单，我们当今世界所拥有的东西在他们那个时代一样也没有，完全没有。没有技术，没有城市，没有围绕着我们的物质财富，这就导致他们的世界观是通过完全不同的激励机制塑造形成的。"

"你说得有点儿笼统，不着边际。而且我跟你说，让我了解我们所知道的历史时期和事件也就算了，但是这个'史前'有什么好了解的？跟我有什么关系？"

"因为所有的一切都始于史前，人类就是从那时候开始才成为人的！"

"那是什么时候？"

"让我们从头说起，从石器时代开始。石器时代分为旧石器时代、中石器时代和新石器时代三个时期。你之前听说过这三个名词吗？"

"听过。我知道它们的顺序，这没什么难的……不过也就仅仅知道顺序而已。我还知道那是非常古老的时期。但是为什么石器时代要划分为三个时期？为什么石器时代是第一个时代？难道只是因为必须有一个叫法？"

"对，就是这么简单。研究人员把希腊的史前文明分为三个时代：石器时代、青铜时代和铁器时代。"

"我知道，但是为什么这么命名，为什么不是其他叫法？"

"因为就得这么叫！"

"你跟我开玩笑呢！"

"是啦，不过玩笑归玩笑，它们的命名方式还是有些依据的，是在考古学成为一门科学之后，研究者们从前期的考古发掘之中，根据各个时期发掘出来的主要材料进行相应命名的。第一个时代是个很漫长的时代，叫作'石器时代'，正如我前面所说的，这个时代分为旧石器时代、中石器时代和新石器时代三个时期，每个时期下面还有很多分支。"

"哎呀妈呀！我已经听晕了，太多术语了。从头开始说吧，从第一个时期开始。"

"第一个时期是旧石器时代，旧石器时代覆盖了将近99%的人类历史，持续了几百万年，从人类出现，一直持续到种植畜牧和定居带来的变革促使人类进入新石器时代。新石器时代发生在相对较近的人类历史时期。"

"也就是说我们自旧石器时代之后就进入了新石器时代？那中石器时代呢？"

"中石器时代就像是连接旧石器时代和新石器时代的桥梁，因为你也知道，所有的变化不可能在一天内发生，中石器时代本质上就是旧石器时代和新石器时代的过渡期。"

"所有的这些都发生在希腊吗？"

"发生在全世界。人类的起源并不是希腊，甚至也不是欧洲。人类起源于东非，并从那儿扩展到全世界。"

"所有这些都发生在旧石器时代？"

"没错！"

"那希腊是从什么时候开始有人居住的？"

"确切时间还未知，我们还在探究。尽管我们已经找到了希腊远古人类的考古证据，但是在这里我就不跟你说那些史前人种的事了，免得把你搞糊涂了。"

"人种？"

"对，我们是晚期智人，但是在我们之前还有其他的种类，有海德堡人，有尼人，也就是我们熟知的尼安德特人①，等等。"

"哦，我也认识一些，他们一直在我们之中往来呢②。"他笑道。

"是啊，通常还开着车呢，是吧！简单地说，你就记住有一个人类祖先造出了第一件工具，这个人我们称为'能人'。后来人类又发现了火，另一个人类祖先双脚站了起来，可能像我们现在一样，开始直立行走，这个人我们叫作'直立人'，也就是能够站立起来的人，因为他从四肢着地变成了两脚行走，一切都变

---

① 尼安德特人简称'尼人'，也被译为'尼安德塔人'，常作为人类进化史中间阶段代表性居群的通称，因其化石发现于德国尼安德特山谷而得名。——译者注

② 这里是以调侃的方式在说德国人。——译者注

得不一样了。不管怎样，我们有证据表明海德堡人、尼安德特人以及其他人种曾经在某段时间经过希腊这片土地，因为他们是从南往北迁徙的。至于这些人种具体什么时候离开非洲扩散到世界其他地方的，目前还没有定论。我们会从未来的研究中得到更多资料的。"

"也就是说，希腊人从旧石器时代就已经居住在这个国家了？"

"噢！不是的。这一点我们无从得知。我们只知道人类出现在希腊这片土地上的时间是几百万年以前，但我们并不知道是哪一种人。我的意思是，我们不能把他们称为'希腊人'，只能称之为'居住在希腊土地上的人'。我们完全不知道他们当时是否已经形成了希腊族或其他民族，也不知道他们在那么遥远的古代对于民族的含义是怎么理解的。对于史前时期我们没办法讲民族。"

"史前时期没有民族吗？"

"我们无法知道究竟有没有，因为没有任何遗留的文章或资料表明他们是如何定位自己的身份的。我们没有办法追溯到远古史前是否有民族，如果有人跟你说他能做到，那他就是在说谎。"

"但是我之前在网上看到过一篇文章说……"

"在网上你什么都能看到，"我打断他，"但不代表那些是在深入研究之后发表的。所有试图拼凑史前时期民族的行为都是为了服务某些'政治'目的，而且都以惨败告终，因为它们无法得到证明。正统的科学不接受这些东西。无论如何，史前时期对于全人类以及人类在地球上的历程有着非常重要的影响，至于那些人是叫作'希腊人''马达加斯加人''埃及人'还是'马赛人',并不重要。虽然我们可能没办法追溯到具体的民族,但是我们可以研究总体的人种以及他们的文化发展。"

"好吧……我有一个疑问:你所说的旧石器时代距今到底有多古远?"

"你就大概记住,在全球范围内,旧石器时代大概开始于350万年前。那是所知最短且最难追溯和考证的时代。"

"为什么?"

"这不是很合理吗?我们说的是一个人类还没学会记录行为和思想,还没开始留下各种伟大创造,甚至还没开始定居生活的时代。那时的人过着游猎采集的日子,没有耕种粮食,树上采到什么吃什么,狩猎逮到什么吃什么,非常不容易。人类在这种艰难困苦中熬了几十万年。事实上,那个时期唯一遗存下来的能够追溯旧石器人类的东西,就是他们打造和使用的石制工具。旧石器时代以及整个人类文明的开端非常非常简单,但如果你仔细想想就会觉得,那真的是一个非常伟大的时刻,不是吗?"

"什么意思?哪个时刻?"

"就是我们的祖先造出了第一件工具的那一刻,那是一切的开端。虽然进展缓慢,非常地缓慢,但是一切已经开始了。在那一刻,虽然那个人——不论是男人还是女人——明显还没有意识到他这一行为的伟大……"

"女人?造第一件工具的是个女人?"

"怎么？你有证据能证明是男人造的吗？"

"也对……"

"人类——男人和女人——从他们置身的大自然之中跳出来，迈出了微小的第一步，自己对大自然进行了改造。"

"然后呢？再说清楚一点儿，为什么这个时刻就是最重要的？"

"因为这是人类第一次创造出了之前不存在的东西。我们和地球上其他动物最根本的不同是什么？就是我们有创造和毁灭的能力，包括自我毁灭。人类打造工具的那一刻就是他改变周边世界的开端。从这一刻起一切都不再一样了，而变化也将一直发生下去，不会再停下来了。几百万年以来，地球上的植物和动物都被动地遵循着既定的自然规律，不加质疑，不做反抗。而这一刻终于有一种生命决定打破自然的束缚，创造自己的法则。这一切都开始于一声'咔啦'。"

"'咔啦'？一个声音？"

"就是两只手各抓一块石头对敲时所发出的声音，被敲开的石头会出现一面锋刃。这个'咔啦'声在随后的几个世纪里此起彼伏。这是人类打破自然规则的声音，打造出来的这一面锋刃将以任何人都想象不到的方式造就未来。人类的奇迹已然开启。人们像灶台上散落的糖豆一样，从气候炎热的非洲涌向世界各地。"

"也就是说，那就是人类文明的开端？这是已经被证实了的吗？"

"这是我自己的一种解读，主要针对人类文明历程是从什么时候开始的这一哲学问题,当然还有针对其他问题的。对于这个问题还有其他的解读,有的说人类文明始于我们某个愤怒的祖先开始用语言而不是石头进行攻击,也有的说当我们某个祖先被慎重地埋葬的时候,就是人类文明开始的时候。所有这些解读都有点儿主观,但重要的是一个共识:人类创造了文明,从地球上其他生命体中脱颖而出。"

"好的,人类散布到了地球各处……然后呢?"

"自那之后的征途直到现在都是激动人心的。唯一不变的就是变化——连人类自身都感到害怕的变化。任何一个对人类在地球上的存在有所了解的人,都会觉得'自欺欺人地认为人类特性永恒不变'是一件可笑的事。"

"我能表达一下反对意见吗?我不认为人是变化的,人性是不会变的,永远如此,这是我们的天性……"

"什么天性呢,朋友?你的天性里并不存在吃面包、穿衣服、开车、阅读这些事,也不存在建房子、住楼房、用电、搭电梯这些事。你看你现在还被困在电梯里了。"

他沉默地若有所思地看着我。

"那你认为人没有天性?"

"人当然有天性,但天性是跟我们的生理和生存相关的,我们必须尊重它,因为我们与它密不可分。我们也必须尊重一个事实,那就是我们存在于地球之上,我们与地球以及其他居住在地球上的万物息息相关,但不能因此就认为我们的思想也被它们左右。天性决定不了我们的行为，决定我们行为的是我们自己。别再纠结于天性了，朋友，你早就已经超越你的天性了。要做到'不懂就问'，不是吗？你可能会说，那个时代的人能问谁？问蕨草还是青苔？还是身边经过的乳齿象？它们可什么都不会说。不论如何，只要你细想就会发现，人类的旅途是充满惊险且短暂的。你算一下，地球大约形成于46亿年前，地球上的生命大约开始于35亿年前，而人类成为地球上的居民不过是350万年前的事，相比之下简直就是须臾之间，哪里来得及适应呢？所以人类在心理上感到痛苦也很正常。幸好还有考古学为我们提供帮助。"

"怎么说，这就是考古学存在的目的？"

"说句玩笑话，考古学可以说是一场'全人类心理治疗大会'，我们通过考古来钻研我们的过去，以便找出我们究竟是在什么地方出了问题，才使得我们成为太阳系中最复杂的生命形态。"

"你说得有道理，我们人类确实是一种神秘的生物。这么一说，我们也确实全都需要心理治疗。再跟我多说说旧石器时代的人和最初做出来的工具呗，这个阶段是怎么发展的？"

"做出工具的那个人很喜欢这个工具，觉得非常趁手，之后他做了一个又一个同样的工具。这个人想着：'周围这么多人，只有我能干好活儿吗？'然后又来了一个人，想着把工具改进一下，就这样，这些最初做出来的工具得到了改良。"

"为什么我们要把这些石制工具看得这么重要？"

"因为它是旧石器时代考古中最具特色的发现，有石制或骨制的手斧和其他工具。"

"没有其他材质的吗？"

"肯定是有其他材质的物件，比如木头做的，但是木头会腐烂，没法像石头一样在漫长的岁月里保存下来。因此，我们只能主要通过那些得以存留到现在的遗物去发现和了解史前人类，准确来说，是旧石器时代的人类。"

"那人类早期还有其他什么创造吗？"

"有艺术，我的朋友！"我突然激动的叫声吓了他一跳，"有艺术！不论是少量的小饰品，还是洞穴里精美绝伦的壁画，人类对艺术的需求在他们还没有学会耕地和建房之前就已经产生了！说到这里，那些热爱艺术、以艺术为生、为艺术而生的人可以扔下麦克风昂首离开了。"

"艺术家霸气扔麦[①]！"

"因此，如果你今天在和一群伙伴聊天的时候听到某个智人漠然地宣称自己'毫不在乎艺术'或者'艺术毫无意义'，你要记住，在几百万年之前，当他的祖先还在穿着兽皮、活得和当时地球上其他动物几乎毫无差别的时候，作为一个居住在洞穴里的'野人'，他都觉得创造艺术是必要的，并且他也创造了艺术。艺术是与人类一同诞生的。在一个人类还没学会其他非常基础的生存技能——比如种植或建房——的时代，人类就已经学会了艺术创造，

[①] 扔麦是指一种在表演或演讲结束之际故意扔掉麦克风的举动，以此来引人注目，通常象征为了强调某一令人称奇的观点而表达的惊叹之情。——译者注

然后才学会了像一个人一样去活着和进食。"

"好的,到这里我都理解了。旧石器时代之后是中石器时代?"

"是的,我记得我们是这么说的,很有画面感。你别误会,这里的画面感并不是说人们在中石器时代前夕聚集在某个洞穴里,拉着写有'欢迎进入中石器时代'、用布条做的横幅,然后倒数'三、二、一',唱着歌相互拥抱庆祝,欢呼着'旧石器时代已经过去了,伙伴们,让我们一起庆祝起来,与旧时代别离的痛苦就让它沉睡在心底'。这种过渡是缓慢渐进的,我们只是大致通过这样的命名来使时间上混乱不堪的史前时期变得更加有序。"

"为什么必须要把中石器时代放进去呢?它跟其他时代有什么不同吗?"

"在那个时代,生活方式又开始缓慢地发生了转变……中石器时代是旧石器时代和新石器时代的过渡期,在这期间,所有的一切都慢慢地发生了改变。"

"具体什么事使得一切都发生了改变?"

"可惜我们无从得知。这么说吧,我们把人类生活在地球上的某个时期称为'新石器时代',在这个时期,终于有人发现:'哎呀,伙伴们,果实掉落在地上之后,有东西长出来了耶。要不我也试试拿颗果子埋到我们踩着的泥土里,看看会发生什么?'不久之后——'铛铛'——长出了幼苗!'快来看呀,伙伴们,长出东西啦!'就这样,人类学会了通过种植来获取食物。不仅仅是获取,他们还把食物存起来以备不时之需,以防在天气不好找不到东西吃的时候肚子饿得咕咕叫。"

"哈！能想象得出来。"

"简单地说，私有制和交换的基础可能就是在这个时期产生的。在发明农业的同时，那个时期还发生了其他很多意义重大的事情。试举一例，既然我们需要土地来养活自己，要不我们就在这周围定居下来，别再到处迁徙了？"

"也就是说，在新石器时代，所有的一切都发生了改变？"

"没错。进入新石器时代，和文明的这一场过渡，完全改变了一切。对于那些对改变和革新持反对态度，认为'多少年来都是这样，凭什么现在要改变'的人，这场过渡是对这种观点最好的回击。你只需要简单地回答他：'人类还经历过几百万年居无定所、没有耕种、吃不到面包油盐的日子呢，难道你更喜欢回去过那种洞穴生活，觉得那样更舒服？'"

"也就是说，新石器时代的发明就是种地？"

"不只是这个，同时还有驯养动物。你想想啊，牛的力气很大，可以用来帮我们犁地，因为地犁得越深，菜就长得越好。山羊产奶给小羊吃，那多出来的奶我们能不能喝？绵羊有这么多羊毛，比我们自己的毛发还要好，也许我们可以把羊毛剪下来？然后就有某一个祖先想到了把羊毛做成衣服——我觉得像巴黎、米兰和纽约这些时尚之都应该把这个人奉为大神。那些好的想法很容易就传播开来了。比如某个人去到了远一点儿的地方，看到那里有一些人穿着崭新的羊毛衣，觉得很羡慕，回到自己的村子之后，就会对兽皮意兴阑珊，嫌弃地把它丢到一旁。"

"话虽如此，但是羊毛会有点儿扎人啊。"

"确实如此，有点儿扎人，可能也正是因为羊毛扎人，所以人们就自然而然地在某一时刻注意到了棉花！瞧瞧，棉花这个蓬蓬松松的东西多柔软啊。当然了，合理准确地说，当时地球上并不一定只有一个人想到了所有的这些事，同一个想法有可能同时出现在相隔甚远的不同人的脑海中。那个时候还创造出了陶器。人们取来泥土，捏出形状，再烤上一烤——'铛铛'——造出了器皿，自那以后，器皿的制造就没有停止过。这些陶制的器皿有一种神奇的特性，就是除非毁于人力，否则它们并不会随着时间的流逝而损毁。"

"怎么会这样？"

"那是烤过的泥土，如果放着不动，它可以成千上万年保持不变。这一点大大地拓展了科学研究。我们经过千百年来的研究，能够把那些自新石器时代被制造出来后就存留下来的陶器制品分出先后顺序，并获知它们各自的制作年代。这是一件非常重要的事。陶器制品是考古发掘中最常见的文物，而制陶技术这一条漫长的发展链可以帮助我们了解我们所发掘的每一处地方是属于哪个时期的遗址。在新石器时代，人类的一切都发生了改变。当这种新石器生活方式传播到了希腊，这里的一切也都发生了改变。"

"嗯？什么意思？新石器生活方式不是从这里开始的吗？"

"不是。我们这儿并不是地球上第一个采用新石器时代那种截然不同的生活方式的地方。东方在公元前1万年左右进入了新石器时代。希腊的新石器时代则大约始于公元前7000年，并且持续了4000年。你知道的，这是一段非常漫长的时间，而且正如我们之前所说的，它是延续不断的。因此，我们只好把这个时期分为4个阶段：新石器时代早期、新石器时代中期、新石器时代晚期和新石器时代末期。"

"你说的这些太烧脑了，我记不了这么多东西。"

"好吧，你不需要记住这么多细节，只需要知道，在这个时期，新石器生活方式传播到了整片希腊大陆和岛上，农业的发展使人们能够更好地掌握自己的生存状况。"

"这就是他们崇拜某些神灵，比如大地之母的原因吗？"

"假设那时他们确实崇拜大地，是的，这在当时是完全有可能真实发生的，但是你别忘了，我们现在聊的是史前时期，关于那个时期人类如何称呼他们的神灵我们是一无所知的。但是不论如何，他们信奉的可能都是严厉的神灵。"

"为什么这么说？"

"很显然，当时的生活和生存都是极其艰难的，所以相应的，很有可能当时的人类所想象出来的神灵也是严厉的。而且，哪怕是通过农耕来获取食物也是一件非常艰苦的事。有可能农民辛辛苦苦起早贪黑，寒暑不避，勤勤恳恳地耕种，到头来收成却寥寥无几。一场冰雹、一场病害，就能使一切努力毁于一旦。在几千年的时间里，人类一旦无法从土地中获得食物，就只能饿死。所以说，主宰着这一切的神灵不可能是不严厉的神灵。"

"那么，那些使大地丰收、树木结果的神灵，是否就是比较慈悲的神灵呢？"

"说得对。为什么神灵不能严厉与慈悲兼具呢？为什么不能是神灵的喜怒决定了他们是否要友善地对待人类呢？"

"所以人类必须要虔诚，而且要努力地取悦他们！"他高高举起一根手指，以彰显他的灵光乍现。

"话虽浅显，但确实如此。简而言之，这就是新石器'革命'，虽然发生得非常缓慢平和，却永远地改变了人类。如果没有我们提到的那些革新，就没有我们现在的面粉，没有早餐里撒了糖粉的新鲜烤面包、牛奶和麦片——说起来，牛奶和麦片也是新石器时代的考古发现——也没有你吃东西时待的房子。如你所见，新石器时代就算不是人类历程中最重要的时代，也是非常重要的时代之一。"

"但是你知道吗？史前时期虽然看起来很重要也挺有趣，但是对我们来说依旧是陌生的。而且对于你们考古学家来说好像也有很多空白之处，你们的措辞全都是'也许'和'可能'。"

"朋友，你说的是有一点儿道理，但是史前时期的考古遗物和遗址本来就很少，而且很难被解读。你想想，一个时期的遗址可能又在下一个时期被使用了多少年呢？一个废弃的史前居所可能会有不同的人涉足过，希腊人、罗马人、拜占庭人、威尼斯人和土耳其人。那个地方可能发生过多场战争，又在上面建起了新的村庄和城市。那里的土地可能被翻耕了几千年，在那些年月里偶然被挖掘出来的任何一件古物，都有可能因为人们的无知而被丢弃或毁坏。但是史前考古学家的坚持和耐心，使得我们能够发现越来越多的遗物和遗址，从而给我们提供更多的新资料。"

"在希腊有什么古遗址？新石器时代的遗址可以被参观吗？"

"当然有，而且有很多。只不过他们既没有那些存留下来的建筑遗迹那么宏大，也没有那些古典考古遗址那么辉煌，所以没能引起公众的注意。我可以跟你说说色萨利（Θεσσαλία）的塞斯克洛（Σέσκλο）和迪米尼（Διμήνι）遗址，不过伯罗奔尼撒有一处洞穴叫弗兰克西洞（Σπήλαιο Φράγχθι），更值得参观。它并不是唯一的洞穴，但它是一个非常棒的例子。"

我打开手机，用谷歌搜索了名字，给他看了一张图片。他看起来并没有为之吸引，不过这倒也合理，图片中的洞穴并没有石笋和石钟乳，而只是石头中的一个洞而已。

"这个遗址就只有这个洞？没有其他的了？"

"这个洞穴对我们来说是非常稀有的，它在旧石器时代、中石器时代和新石器时代都有人居住！我们能从中看出几个时代的不同和发展，还有比这更好的吗？在旧石器时代，居住在这里的是狩猎和采集的人，他们使用的是石制工具。在中石器时代，变化开始显现，洞中的居民开始有组织地埋葬他们逝去的亲人，在海上远距离航行并学会了大规模捕鱼。到了新石器时代，我们可以看到那里的居民已经把居住地拓展到了洞外，在那里用石头建了小房子，他们已经学会了捕鱼、种地以及制作漂亮的陶器和陶俑。到新石器时代末期，金属的使用也开始为人所知，那个时候，社会又发生了翻天覆地的变化。"

"新石器时代持续了多少年？"

"在希腊的持续时间大概从公元前7000年至公元前3000年。从公元前3000年开始，迎来了爱琴海最发达的几大文明的发展时期。分为3个阶段的石器时代差不多在这里进入了尾声，我们进入了青铜时代。"

"青铜时代又分为另外3个阶段？"

"没错。青铜时代啊……"

"嘿，先别着急！你跟我讲的关于石器时代的要点我都没什么问题了，但是在继续往下讲之前，能否为我解答一个根本性的问题：究竟何为考古学？"

问 答

何为考古学？

"作为非考古人士，你认为考古学是什么？"

"考古学属于人文科学，是一门研究过去的学科。"

"是，但它并非唯一研究过去的学科，其他学科也有做这个的，最突出的就是它的姐妹学科——历史学。因此，你的这个定义并不能完全准确地涵盖考古学。"

"好吧，那如果我说考古学就是发掘过去的遗物呢，这样对吗？"

"还是不对，因为考古学不仅仅是发掘。要我试着定义的话，我会说考古学是通过人类的物质遗留来研究人类的过往。"

"你身为考古学家，居然说'试着定义'？我说的那些你又都说不对。这叫什么事儿！你们考古学家都不知道怎么定义你们的学科吗？"

"关于考古学，大家下过很多种定义，但是不论哪一种定义，都不能令大部分考古学家满意。大部分的定义都由于不够全面、有所欠缺而被否决了。此外，虽然考古学总是借鉴其他学科的思想和理论，比如社会学、哲学、历史学，但是一直都致力于自成一体。考古学总是找不到一个能够全面概括的定义，因此，伟大的考古学家戴维·克拉克（Ντέιβιντ Κλαρκ）也不得不说：'考古学就是考古学！'这就好比说：'我就是我，你们爱谁谁！'但是最终有一个折中的说法，那就是：考古学通过人类的物质遗留来研究人类的过往。"

"好吧，不说那些定义了。你能至少跟我解释一下考古学这门学科是怎么发展的吗？"

"我打个比方来解释给你听。你把各个学科想象成在一个小咖啡馆里的不同顾客，一些老的、大的学科，已经在咖啡馆里待了很多年了，而此刻考古学这个鲜活、朴实、单纯的新学科，正站在咖啡馆的门前。门开了，门上的风铃声宣告着这位年轻的姑娘进入了精致的咖啡馆。那些体面的女士坐在宽敞的圆桌旁，桌上铺着厚重的绣花桌布，她们面前摆着咖啡和茶，旁边摆着小点心，她们穿着华丽的裙子，戴着精美的帽子，所有人都转过头去看是谁进来了。考古学往前迈了一步，走进了伟大学科们所在的咖啡馆。"

我继续说："坐在同一张圆桌旁的女士们之间都互有渊源，她们共同讨论，相互影响。有一天，地质学从口袋里掏出一样东西展示给她的朋友们看。那是一块石头，但不是一般的石头。那块石头上有裂痕和缺口，它的一面是曲面而且被稍微打磨过，而另一面却是锋利的，就像有人把它破开了，想要把它做成小刀或者锋刃的形状一样。'我发现了这个。'地质学说。坐在对面圆桌的神学轻蔑地嘘了一口气：'很明显你不知道这是谁的东西，幸好我知道！这是古时候天神为了惩罚那些罪人，降下雷罚而留下的东西。'神学总是一副理所当然的样子，丝毫不为证据忧心。其他的学科都沉默着，因为她们确实不知道这个工具是什么。但是这个东西使她们都陷入了沉思！"

他突然打断了我。

"哎哟！什么玩意儿？你是认真的吗？"

"真的，在人们刚开始发现旧石器时代的石制工具的时候，那时候唯一'合理'的解释就是：那是天神降到人间的闪电或者天使之矛上面的尖刺——那时候的人根本无法想象在很多万年以前，地球上就已经有人类存在，而且那些石制工具就是人类制造的最早的工具……人们甚至都不敢相信：'制造'出最早的工具的居然是人类。"

"咖啡馆里的那件旧石器工具后来怎么样了？"

"地质学并没有被神学的解释说服，她若有所思地将石头放回了口袋里。不仅如此，她已经开始发现我们驻足的土地有着不同的分层，就像一个在成千上万年的时间里缓慢制作出来的千层蛋糕一样。不论她在哪里考证，这个发现都能得到验证。而考古学坐在她旁边，竖起耳朵想要了解更多——'土地分层'这个想法勾起了她的好奇心。不久之后，地质学就会找到证据证明这件工具是人造的，而且是非常古老的工具！而第一个知道这件事的，是她的新朋友考古学！"

"时光流转，咖啡馆换了主人，大圆桌已经过时了，换成了现代化的长凳、精密的科技装置和测量仪器，一切都更偏向于实证科学了。考古学也越来越往那个方向发展，还与一些重要的学科成了朋友，在有任何需要的时候她就跑去问那些朋友。那些朋友也非常爱她，那个圈子的朋友们叫她'考古测量学'。考古学在这个既有理论科学又有实证科学的咖啡馆站稳了脚跟，随后便决定要出发去旅行了。她从地中海的伟大文明中出发，但不久之后便发现全世界只要是有人居住过的地方便都与她有关联。"

"哎呀，也就是说，考古学不是从古希腊起源的？"

"当然不是。"

"但是古希腊不是考古的中心吗？"

"对于那些对希腊考古学或者古典考古学感兴趣的人来说，可以说他们的聚焦点就是古希腊，总的来说是在古希腊文明发展的东地中海地区。但是我们最好记得，考古学的'古'并不等同于'古希腊'，也不等同于我们所知道和定义的'古代西方文明'。"

"给我解释一下。"

"哪里有人居住过，哪里就有考古学的'古'。由于人类已经在这个地球上存在了几百万年，从热带非洲的大津巴布韦（Μεγάλη Ζιμπάμπουε）岩墙到埃及沙丘上的金字塔，从不列颠岛上的巨石阵到印度河流域的早期城市遗址，从俄罗斯那片曾有斯基泰人（Σκύθες）聚居的干草原到墨西哥热带雨林深处玛雅人（Μάγιας）建起的宏大建筑，再到太平洋小岛上勇敢的波利尼西亚人（Πολυνήσιοι）竖起的图腾，诸如此类，数不胜数，所以考古学的'古'到处都有。"

"能在脑中想出这些，这得有多么丰富的想象力啊！"

"所以还有另外一种说法：考古学是人类想象力的乐园。"

"你所说的这些文明都是古文明？都是同时出现的？"

"从时间上来说,有的文明比其他文明出现得早一些,但这只是时间上的对比。文明并不是竞赛。最早的城市文明出现在两河流域、埃及和印度河流域。那些区域大约在公元前 3000 年就已经有了文字、建筑和不朽的艺术。"

"哦哦,那个时候希腊有什么呢?"

"在那几个世纪里,希腊已经走过新石器时代,进入了青铜时代。"

"哈哈!那就快给我讲讲青铜时代吧!"

第二章

爱琴海之蓝

基克拉底文明

"我们在公元前 3000 年之后不久进入了青铜时代。"

"也就是说,铜是在那个时候被发现的?"

"不,不是在那个时候发现的。铜和其他金属在那之前已经被发现了,比如闪亮又美丽的金子,在那个时候就已经很受欢迎了。只不过在考古学刚开始发展的时候,一切都还比较简单。人们发现,那个时期铜的使用率提升了,所以(在希腊语中)就把它叫作'铜器时代'——其实确切来说是铜锡合金,这种合金叫青铜,因此在英语中也把这个时代叫作'青铜时代'(Age of Bronze)。"

"既然(希腊语的)这个叫法并不准确①,你们为什么不改变叫法呢?"

"好问题。但这并不是一件容易的事,我们学到的就是这个叫法,也已经习惯了这个叫法,而且要在全世界范围内变更一个科学术语并不简单,因为变更之后又得重新约定这个时期该叫什么。而且我跟你说,变不变更叫法其实并没有多大影响,问题的实质在别处。"

"那青铜时代持续了多长时间?"

"希腊处于青铜时代的时间大约是从公元前3000年至公元前1050年。科学上习惯把这个时代分为3个时期。"

"哦,就像石器时代分为旧石器时代、中石器时代和新石器时代一样?也就是说,我们有旧青铜时代、中青铜时代和新青铜时代,我说得对吗?"

"不是的,关于青铜时代的不同时期我们有另外的叫法,分别是青铜时代的早期、中期和晚期。"

"啊,你们可太烦了。"

"唉,是很烦啊,可是有什么办法呢!接着说,在时间上我们把青铜时代分为早期、中期和晚期,在地理上也分为基克拉底群岛(Κυκλάδες)、克里特和希腊主大陆3个区域。"

---

① 原文意指这个时代在希腊语中为什么叫作"Εποχή του Χαλκού"(铜器时代)而不是"Εποχή του Μπρούντζου"(青铜时代),但中文惯用的翻译为"青铜时代"或"青铜器时代",本书根据中文语言习惯统译为"青铜时代"。——译者注

"为什么要在地理上分为3个区域？"

"因为这3个区域有着不同的文明发展路径。正如我们前面所说的，世界上的其他地方已经发展出了非常伟大的城市文明，与此同时，你会看到爱琴海这边也开始慢慢地创造出各具特色的文明。希腊的青铜时代是一个大放异彩的时代，诞生了不止1个而是3个伟大的文明。那是希腊伟大史前文明的辉煌时期，最早出现的是基克拉底群岛的基克拉底文明，然后是克里特的米诺斯文明，最后是希腊主大陆的迈锡尼文明。"

"听得我都头昏脑涨了。"

"我们把青铜时代从时间上分为3个时期，这个你能理解不？"

"可以。"

"好，然后我们以第一个时期——青铜时代早期为例子，这个时期的时间跨度大约是从公元前3000年至公元前1900年。在这个时期，基克拉底群岛处于基克拉底文明早期，克里特处于米诺斯文明早期，希腊主大陆则处于希腊大陆文明早期。"

"哦，也就是说这3种文明是同时发展的，只不过是在3个不同的地方而已。"

"就是这样。在这3个'胜利者'之中，第一个登上'达人秀'舞台的是早期基克拉底文明，因为基克拉底文明在这个时期就已经绽放了。"

"也就是说，如果我理解得没错的话，基克拉底文明也叫作早期基克拉底文明？"

"简单来说是的,你可以这么说。基克拉底文明在早期就已经到达了巅峰。相应的,在青铜时代中期(前1900—前1600年),我们进入了基克拉底文明中期、米诺斯文明中期和赫拉斯文明中期,这一时期接到'指挥棒'的是米诺斯文明。[①] 最后,青铜时代晚期(前1600—前1100年)……"

"让我猜一下!我们进入了基克拉底文明晚期、米诺斯文明晚期和赫拉斯文明晚期。"

"完全正确!它们同样是同时进行的,只不过是在不同的地方而已。这一时期终于轮到希腊主大陆的迈锡尼文明获得荣耀了。"

"好嘞。费了九牛二虎之力可算是搞清楚顺序了……现在跟我具体说说这些文明呗。"

"好的。基克拉底群岛是基克拉底文明的发源地。"

"不好意思打断一下,你不觉得'基克拉底'[②]是一个奇怪的名字吗?"

"嗯,我知道你的意思。但是如果你知道它的出处的话,就会觉得这是一个很棒的名字!众神之王宙斯(Δίας)是一个非常多情的人。他爱上了科俄斯(Κόιος)和福柏(Φοίβη)[③]的女儿勒

[①] 希腊青铜时代并列的3个文明为米诺斯文明(以克里特岛为中心)、基克拉底文明(集中在爱琴海区域岛屿)、赫拉斯文明/希腊大陆文明(集中在希腊大陆上)。其中,希腊大陆文明等同于赫拉斯文明,只是称呼不同,"赫拉斯"即"Ελλαδικός"的音译,意思是"希腊(大陆)的",迈锡尼文明则属于其晚期表现。——编者注

[②] "基克拉底"在希腊语中的意思是"一个个的圆圈"。——译者注

[③] 科俄斯和福柏这两位神祇象征着对知识的实践和对未来的预测,也就象征着有关宇宙的全部知识。——作者注

托（Λητώ），并让勒托怀了双胞胎。赫拉知道因这次结合而即将出生的男孩将会改变现有世界的一切，而且由于她显然已经妒火中烧，所以她勒令任何地方都不准给予勒托分娩之所。勒托只好忍着腹痛的折磨四处辗转。有一块小浮石，它是那么小而且没有名字，甚至没有固定的位置，只是漂浮在爱琴海中。它很同情勒托，对她说：'勒托，我了解这世上的绝望，也经历过被抛弃！来我这里分娩吧，我不惧怕赫拉！'勒托感谢了小浮石，并安抚它说不久后它将会因这份勇敢的怜悯而得到应得的荣耀，再也不会是一块无人知晓的无名之石。于是，这块没有名字的小浮石变成了提洛岛（Δήλος）。勒托抓着岛中央的一棵棕榈树，生下了阿波罗（Απόλλωνας）。其他女神纷纷跑过来，用襁褓裹住小阿波罗，而阿波罗抓起一把金色的剑，破开襁褓，站立起来，在一瞬间变成了大人！整个爱琴海都沉浸在光亮之中，一群天鹅从遥远的极北之地（Υπερβορεία）飞来，绕着神圣的棕榈树飞了7圈，奥林匹斯山上的众神都来瞻仰新一代的光明之神。小浮石作为智慧之光的诞生地，得到了爱琴海中央的位置，其他的岛屿都来向这块神光诞生的小浮石致敬，在它四周围成了一圈，就这样形成了基克拉底群岛。"

"我都起鸡皮疙瘩了！"他沉默了几秒钟之后问道，"所以说提洛岛从史前开始就是圣岛？"

"不，我可没这么说过。注意！是与不是我们无从得知。这个神话故事是远古时期的希腊人通过无尽的诗意想象创造出来的，那会儿距离史前时期已经过了很多个世纪了。我们不知道提洛岛是否从史前开始就是圣岛，我们也不知道那些岛屿在史前时期是否就叫作'基克拉底群岛'，或者究竟叫作什么。我们真正感兴趣的是，史前时期那里发生了什么。"

"那时候爱琴海究竟发生了什么，才让你们分出了新石器时代和青铜时代，并认为基克拉底群岛是文明的中心？"

"没有任何骇人听闻的事情发生，没有入侵，没有动荡，没有混乱，整个文明进程平和且稳定。"

"那为什么我们认为基克拉底文明是希腊史前时期第一个'伟大的'文明？"

"这是我们自己的说法，科学的说法。当一个社会群体脱离了新石器时代其他社会群体基本采用的农耕狩猎方式，并发展出与众不同的具体特征，我们就认为它是'杰出的'文明。基克拉底群岛的居民在公元前3000年后发展出了独具特色的文化。我们知道那时他们已经发展出了非常精致的艺术感，他们留传下来的那些精美绝伦的雕像，用基克拉底岛上光洁的大理石雕刻而成，闪亮得如同浸润过神光。爱琴海就像一条一望无际的大道，能把你带到你想去的任何地方，只要你有一艘船和面对空旷大海的无尽勇气，勇气和欲望会使人不断地想要探索更多海域。爱琴海一直是一片富饶的海域，基克拉底群岛就是爱琴海这条广阔蔚蓝的大道上一道闪亮的点缀。"

"就像用磷铺成的通道。"

"是的,爱琴海的大理石就像磷一样会发光。除此之外,当时在爱琴海以及希腊的其他地方已经开始越来越多地使用金属了,主要是铜。"

"哦,那又如何?这意味着什么?"

"金属制成的工具更好,打造的武器也更好。总的来说,整个社会背景都发生了巨大改变。就这样,那些小岛上建满了房子,大家都来到这个神奇的地方,他们在这里耕种、贸易、交流、沟通,不断地往来。但是至今仍让我们感叹的是他们制作出来的那些无价之宝——基克拉底雕像。"

"那些是最早的人造雕像吗?"

"在此之前的几千年前就已经有人先于基克拉底人用陶土和石头制作雕像了。我们发现从新石器时代开始就已经有了用陶土或者石头做的雕像,带有人和动物基本特征的小小雕像。那个时期的人类就已经在努力捕捉和记录各种形象了,真是一件美好的事!不过,基克拉底人最终用他们那些绝美的人形雕像(主要是女性雕像,也有一些男性雕像,更令人惊奇的是还有乐师雕像)创立了一个伟大的'艺术流派'。这些雕像有着不同的形状和尺寸,从小巧装饰到庞然大物,各种形态应有尽有。这也是我们认为他们这个文明非常重要的原因。"

"为什么说这就是文明的体现呢?"

"因为当你能够进行高质量艺术创作的时候,就说明你已经超越了只求生存的阶段,而能够动脑思考更高层次的东西了。"

"那些洁白抽象的雕像确实漂亮！"

"它们原本并不是白色的，而是彩色的，只不过颜色随着时光的流逝逐渐消退了。"

"既然已经褪色了，你们又是怎么知道它们原本是彩色的呢？"

"因为雕像表面有古代颜料的残留，通过专业的检测分析就能够发现，这就是我们前面说的考古测量。只不过我们现在只能欣赏到它们简单洁白的样子了。这些雕像在现代社会极受追捧，不仅影响了现代艺术，而且引得人们开始进行各种非法挖掘，不惜破坏一切，就只是为了找到这类雕像然后通过艺术品黑市卖给那些国外的收藏者。"

"哎呀！造成了巨大损失，对吧？"

"造成了不可估量而且'不可挽回'的损失。今天摆在世界各地博物馆里的大部分雕像的来源以及相关的信息都是不清不楚的，这简直是灾难！因为我们已经无从得知它们的用途和含义了，这些基本信息随着时间的流逝已逐渐被人们淡忘。如果我们知道它们是在何处被发掘的以及如何被发掘的，那么我们原本是能够发现这些基本信息的。"

"看来，不论如何你们对基克拉底文明了解得也不多……"

"是的，我们目前了解得还不多。我们只知道那里的人们居住在小房子里，通过观察他们的民间文化产物——不论存留下来的是雕像，还是精巧的陶瓶或大理石瓶——我们可以了解到他们有着精致的艺术感。对于他们的墓穴我们倒是知道得多一些。"

"为什么对墓穴知道得多一些？"

"总的来说，找到那些不受侵扰的墓穴会更'容易'一些，因为它们的建造初衷就是为了隐藏在地下。房子是为活人而建的，因此也更容易随着活人的消逝而消失。总的来说，整个研究并不容易。大部分的岛屿都很难登陆，而从那么遥远的时代遗留下来的为数不多的遗迹，也在很大程度上被时光侵蚀破坏了。不过，我们还在不断地研究。"

"也就是说，未来我们可能会知道得更多？"

"对，这是唯一可以肯定的一点。最近这几年我们已经有了更多的了解。考古学是一门新兴的颠覆性学科，在21世纪给了我们一个关于公元前3000年的史前基克拉底文明的巨大惊喜。有这么一个岛，荒废了几百年没有人居住，就在纳克索斯岛（Νάξος）南面、库福尼西岛（Κουφονήσι）旁边，叫克罗斯岛（Κέρος）。文物贩子曾经在这个岛上发现了大量的基克拉底雕像，它们全都流入了外国收藏者的手中。这些雕像全都是残破的，一开始大家以为是文物贩子为了卖得更多的钱而粗暴地将它们打碎的。"

"这个最初的猜测后来有了反转？"

"岛上的发掘结果显示这些雕像并非文物贩子打碎的，而是在史前时期就已经被打碎了！不仅如此，在克罗斯岛上找到的大理石雕像碎片数量实在是太多了，这个小小岛屿上的雕像存量竟比基克拉底群岛其他岛屿上的雕像数量全部加起来还要多！很明显，基克拉底人从不同的岛屿来到克罗斯岛，就是为了故意在这里打碎他们自己辛辛苦苦雕刻出来的大理石雕像。"

"太神奇了!"

"先别惊叹,这件事还有另外一个神奇之处。在克罗斯岛附近有一座金字塔形状的小岛,叫达斯卡利奥岛(Δασκαλιό)。史前,它与克罗斯岛连在一起形成半岛。考古发掘显示达斯卡利奥岛其实是一个大理石建筑群,一个由成千上万吨基克拉底白色大理石建造而成的人造山丘,有着几十幢建筑,在爱琴海的蓝光潋滟中熠熠生辉。这个大理石建筑群的顶点,如果不是整个爱琴海的圣地,至少也是这座岛的圣地。"

"就是一座史前提洛岛?"

"哈,我喜欢你的思考方式。它没有这个地位,至少目前还没有,但是你这个想法很美好。很明显,克罗斯岛和达斯卡利奥岛有着非常重要的意义,至于有多么重要,我们以后会探索出来的。我们接着说。到了某一时刻,有一个巨人决心要超越爱琴海上那些小岛而崛起了。克里特岛,这个爱琴海上最大的岛屿,登上了舞台,抢过了基克拉底手中的麦克风。她说:'坐下吧,基克拉底,让我来向你展示什么叫作巨星的诞生!'"

"你说的是孕育了米诺斯文明的那个克里特?"

"对。"

"耶!我记得那是伊文思发现的!"

"确实是亚瑟·伊文思(Άρθουρ Έβανς)让它名声大噪。"

"伊文思是'第一位考古学家'吗?"

"当然不是！这都什么跟什么呀！"

"好吧，我就是猜猜。那谁是第一位考古学家？"

我深吸了一口气，决定再跟他解释一下更多关于这个学科的历史。

问 答

谁是第一位考古学家？

"你看啊，其实并不存在所谓的'第一位考古学家'，因为考古学是慢慢建立起来的，最开始是出于一部分人对于古代事物的喜爱。不论以前还是现在，这些人都是对过去深深着迷的人。然后就有一小部分人率先迈出了重要的步伐，将考古学引领到了可以称为科学的位置。"

"比如都有谁？"

"公元 1400 年左右，在意大利一座叫安科纳（Ανκόνα）的小城里有一户商户，商户家里有一个男孩，叫奇里亚科·德·皮兹科利（Κυριάκος ντε Πιτσικόλι）。奇里亚科是一个好奇的男孩，也是第一个疯狂地迷恋古代事物的人。他离开家乡周游世界，在中世纪的'黑暗'之中探寻古代事物，那个时代还没有其他任何人想过要做这种事呢。他就是著名的奇里亚科·安科尼迪斯（Κυριάκος Αγκωνίτης）[①]。"

[①] "安科尼迪斯"（Αγκωνίτης）这个词的词根是"αγκώνα"，即"手肘"的意思。——译者注

"这么叫是因为他的手肘吗?"

他"哈哈"了几声,表现出明显是在开玩笑的样子。

"不是因为他的手肘,而是因为他来自意大利小城安科纳,而安科纳这个名字则源于叙拉古(Συρακούσες)的古希腊人所建立的殖民地安科纳城(Αγκώνα)。"

"那'安科纳城'这个名字又是怎么来的?"

"安科纳城之所以叫'安科纳城',是因为它港湾的形状像手肘一样保护着那些船只。"

"哦,说到底还是手肘!"

他扬扬自得地笑了,我也笑了。

"无论如何,我们主要想表达的是奇里亚科在游历了散落在周边的那些无人关注的不同古迹之后,对于这些古迹可能是什么以及在过去可能发生了什么深感好奇。随着这种好奇心越来越强烈,他迫不及待地想要发现更多古代的事物。他离开了家乡,游历遍了整个地中海,一边探索一边在日记中记录着所看到的一切,最终写了整整6卷!很多古迹和遗址都是他第一个发现并辨认出来的。他为这门学科的发展播下了种子。那么,他给我们留下的礼物是什么呢?就是那许多的笔记和素描。他当时所见过的很多古迹到今天已经被毁坏了,但是多亏了他,我们才能对那些古迹在被毁坏之前的样子有所了解。有的人将他誉为'考古学之父'。"

"好吧……不存在第一位考古学家……那么,也不存在第一个考古遗址吗?"

"哦，不是，这个是有的！"

他吃了一惊，这是他没有预料到的。

"第一个'正式的考古遗址'是在自那很多年以后才诞生的，而且是偶然诞生的。那是位于意大利坎帕尼亚（Καμπανία）地区那不勒斯（Νάπολη）附近维苏威火山（Βεζούβιο）脚下的几座古城，其中比较著名的就是赫库兰尼姆（Ηράκλειο）古城——现在叫作埃尔科拉诺（Ερκολάνο）——和庞贝（Πομπηία）古城。这段历史你可能已经听过了。那是几座宁静的边区小城，商铺云集，豪宅林立，有浴场，有餐馆，还有消遣娱乐的露天剧场和歌剧院。直到公元前79年8月的某一天，那座叫作维苏威的火山突然爆发，那些忙着相爱或相杀、终其一生都想要脱贫致富的人们，不论有钱没钱，全都在几个小时内一起死掉了。整座城市被一层厚厚的火山灰包裹起来，很多东西也因此在漫长的岁月中被完好地保存下来。直到18世纪，一个小村庄里的花农让他的3个儿子去把井挖深一点儿，因为井水干涸了，而那个小村庄正是建在古城之上的。随着这次挖掘，一些古物开始显现。当地的统治阶层得知了这件事，于是那些雕像得以重见天日，那些古代的珍宝也被发掘了出来。那是文艺复兴之后的时代，人们已经受到启蒙，所以那些发掘出来的文物备受珍视。人们开始对过去发生了什么感到无比好奇。"

"但是，朋友，我之前看那些考古学家在进行考古发掘的时候都是用一个小刷子小心翼翼地刷。这些古城都是被这么发掘出来的吗？他们那会儿就知道该怎么细致地用科学的方法发掘吗？"

"不是的，当时的发掘是无知且有点儿粗暴的。他们并不懂得该怎么发掘，没有按照科学的准则进行发掘。"

"那是从什么时候开始才有了更为……'科学的考古发掘'呢？"

"好问题。过了没多久就有了'科学的考古发掘'了。给你举个例子，在不久之后的 18 世纪末，在距离意大利非常遥远的地方，在新生的美国，就发生了可以称为'最早的正式考古发掘'，因为进行这次可以称为'科学的考古发掘'的家伙就是托马斯·杰斐逊（Θωμάς Τζέφερσον），美国的第 3 任总统！"

"他搞这个干什么？美国都没有古代文物。"

"美国确实没有古代文物，不过考古和古代文物是两回事。只要是有人类居住的地方就可以考古。"

"是，但是我们现在聊的不是古希腊吗？"

"是，我的朋友。只不过因为说到了这门学科的历史，所以就从古希腊这个范畴中岔开了一点儿话题，也没有岔开很多，只是一点点！这样你就可以慢慢了解整个考古学是如何在世界范围内构建的，之后我们再专门讲讲古希腊。听着，托马斯有一些土地，这些土地里有一些墓穴，也就是埋藏着丰富墓葬的人造土丘。当时那些来到美国的心怀美梦、优越感十足的白人并不认为他们所遇到的那些印第安土著能够建造出这么精巧的墓穴，所以他们认为这些墓穴是由那些在印第安土著出现之前就已消失的未知先民创造的。托马斯是第一个敢于对这个说法提出明确科学质疑的人，并且开始对位于他的地产中的墓穴进行发掘。在那里他发掘出了至少几千座墓穴，找到了可以反映当地文明的大量重要文物。托马斯不是一个种族主义者。"

"给托马斯点个赞!"

"关于这个学科和相关人物,大约同一时期还有一个叫约翰·约阿希姆·温克尔曼(Γιόχαν Γιοάκιμ Βίνκελμαν)的德国人……"

"这是个人名?我很好奇你是怎么把它记下来的!"

"对,他这个名字要是混娱乐圈的话,人家肯定记不住,不过他是一个喜欢游历的人。温克尔曼去到意大利,看到了那些重见天日的雕像系列藏品,由此深深地爱上了古希腊和古罗马的艺术。之后,他全身心投入研究,奠定了古典艺术研究的基石。也有人称他为'考古学之父',至少是'古典考古学之父'。"

"那史前考古呢?史前考古没有'父亲'吗?"

"不是,因为有一个丹麦人很热爱他在北欧的文物发掘事业,那人叫作克里斯蒂安·于恩森·汤姆森(Κrίστιαν Γκoύργκενσεν Tόμσεν)……"

"哦,又是一个拗口的名字。这人做了啥?"

"汤姆森在阴冷潮湿的北欧没能找到精美的雕像和古代的庙宇,也没有找到可以用来追溯研究当地历史的文字记载,但他非常执着,决心要为人类更遥远未知的过去奠定研究基础。因为有记载的历史固然美好,但是当我们找不到历史来源的时候,又该怎样呢?难道就放弃了吗?汤姆森点燃了一盏明灯,照亮了史前的无边黑暗,促使人类开始发现自己的过往。就是他把史前时期分为了石器时代、青铜时代和铁器时代3个部分。有人把他也称为……"

"让我猜一猜……'考古学之父'?"

"完全正确!接下来是一个法国人,叫作雅克·布歇·德·克雷维克·德·佩尔特(Ζακ Μπουσέ ντε Κρεβκέρ ντε Περτ)……"

"这些名字太令人抓狂了——他们就不能起一个好记点儿的名字吗?比如'察尔''斯汀''摩西''乔乔'!"

"你还让不让我说下去了?"

"说说说。"

他抿紧嘴唇,看着我的眼睛。

"这个人在北欧发掘了人类遗骸和石制工具,以及已经消失了几千年的大象和河马的骸骨,并大胆地提出疑问:'哎呀,这些是什么?会不会在距今非常古远的年代就已经有人类存在了?'可以想见,这些极具冲击性的问题从根本上动摇了《圣经》(Bible)叙述的根基。虽然人们没有称他为'考古学之父',但是毫无疑问,他的贡献是巨大的。"

"还好没有把他也叫作'考古学之父'!你们考古学的'父亲'可太多了,我的朋友……"

"咱先把'亲子鉴定'放到一边,你也别烦躁了。讨论单个的'父亲'并没有多大意义,因为考古学的基础是所有人一起奠定的。"

"这门难搞的学科就没有'母亲'吗?"

"事实上,考古学最初开始于一个由男性主导的世界。后来,女性才通过自己的努力在这门科学中挣得一席之地,世界范围内也出现了许多杰出的、重要的女性考古学家。比如,第一个在希腊进行独立发掘的女性考古学家是一个美国人，叫作哈里特·博伊德（Χάριετ Μπόιντ），她于第二次世界大战之前在克里特进行了考古发掘。"

"她是第一位女性考古学家吗？"

"当然不是！只不过她是第一个在希腊进行独立考古发掘的女性考古学家。在那之前，当时的性别主义者认为女性只能待在图书馆从事跟这门学科相关的理论研究，而且通常是默默无闻的。玛丽·罗斯·艾琳顿（Μαίρη Ρος Έλινγκτον）的经历就是一个比较离谱的例子，她也是在'二战'前参与了位于卡尔基迪斯（Χαλκιδική）的奥林索斯古城（αρχαία Όλυνθος）的发掘，并且研究了大量的材料。但她的工作成果被男性发掘者作为自己的成果发表了！这件事直到很久以后才被人得知并公之于世。幸而这门学科的性别歧视现象已经大大改善了。"

"没有完全消除吗？"

"正如整个社会也没有完全消除性别歧视，在这门学科中也是一样的，我的朋友。因为除了显性的歧视，还有很多隐性的歧视。但是咱们也别扯太远了，你刚才不是想让我跟你阐述古希腊嘛，咱们都还没讲完史前部分呢。"

"啊，对。咱们说到哪儿来着？"

"说到克里特的米诺斯文明。"

第三章

起来跳舞吧,
我的小可爱,
嗨起来

米诺斯文明

我抬手做了一个举着麦克风的姿势:"女士们,先生们,请注意,我们的银幕巨星即将登场啦。接下来要上台展示的是大约公元前 2000 年史前希腊的伟大文明——克里特米诺斯文明。克里特米诺斯文明好比史前希腊的马里内拉[①](Μαρινέλλα),横空出世并取得了巨大成功。'她'还出了'碟'!也就是费斯托斯圆盘[②](ο Δίσκος της Φαιστού)。这张'碟'几千年来一直居于排行榜的

[①] 希腊女歌手。——译者注

[②] 费斯托斯圆盘是一个直径约 6.5 英寸(16.51 厘米)的赤陶圆盘,圆盘的两面刻有 241 个象形文字,由外向内螺旋式排布。其年代可追溯至公元前 2000 年左右,不过,它的来历、含义和用途至今仍是个谜。在希腊语中,"Δίσκος"除了有"圆盘"的意思外,还有"光碟、碟片"的意思,因此文中对话就出现了类似于中文"谐音梗"的效果。——译者注

榜首，虽然我们现在对于这张'碟'上的歌词还有些疑问，因为我们不知道它是什么意思，但还是期待将来的某一刻能够将疑问解开。无论如何，如果你对这张'碟'为什么这么出彩感到疑惑，那么我告诉你，这并不是一张'白金碟'。它是一张小小的陶碟，而且是在费斯托斯王宫里一个仓库的角落里被发现的，刻在上面的符号目前还无法被破译。"

"你为什么这么说？我在某处读到过，有人声称自己能看懂上面写的是什么。"

"假的。"

"你怎么这么肯定？万一人家真的能呢？那你认为费斯托斯圆盘是什么东西呢？"

"我不会跟你说我认为它是什么，因为这并不重要。但是我会向你解释为什么这个事情不重要。一个人光是表达他的观点是不够的，要能够证实才行。费斯托斯圆盘上的这种文字在其他任何地方都不曾被发现，而且样本数量太少了，所以，我们无法得出准确的结论。我们无法验证某个研究者所提出的某个想法是否成立。等什么时候能够找到其他带有相同文字的文本了，我们才有破译的希望。在那之前，谁都可以站出来表达自己的观点，这是他们的权利。但是，如果不能通过有效的方法来进行验证并说服学术界的大部分人，那么这个观点就无法被大多数人接受。"

"为什么？为什么这类观点就不能作数？"

"因为人类科学就是这么运转的。总会有不同的人提出不同的观点,而科学家要做的就是发表自己的研究结果,再由其他的专家进行审核。如果大多数人认为这些结果是有说服力且可接受的,那么就没问题了!至于某个人说他能'读懂'费斯托斯圆盘上的文字,这只是一个说法而已,一个毫无依据的说法。不管怎样,令人惊奇的地方在于圆盘上的文字是'印'上去的,也就是说,每一个符号都是用模子压在陶土上印出来的,要多少印多少。这个跟很多个世纪以后的印刷原理一模一样。"

"为什么学术界到目前为止还没有接受任何关于圆盘的解读呢?"

"因为没有其他跟费斯托斯圆盘拥有相同文字的文本可以佐证任何一种解读,所以相关的解读无法被证明。圆盘的体积非常小,理论上来讲,目前所有的解读都是具有价值的,但同样都是未经证实的。"

"除了费斯托斯圆盘,克里特还发生过什么?"

"克里特这片神奇的大地上土壤肥沃,物产丰富。岛上的居民能够自给自足,这一点非常重要。那时候他们就已经能驾船远航了,米诺斯的船只往来穿梭于东地中海之中。"

"渔船吗?"

"才不是呢,我的朋友!是正规的船队。实际上就是爱琴海上的'米诺斯王国'。他们看到了东方正在发生的一切——金碧辉煌的宫殿,伟大的文化、艺术、技艺。我们不知道当时的米诺斯人是怎么称呼自己的,不过我们知道埃及人管他们叫'克弗悌乌人'(Κεφτιού)。"

"他们跟那么遥远的地方也有着稳定的联系？"

"当然了，而且很可能有许多种不同的联系：商品交换，贸易，通婚，一切皆有可能！"

"哎哟，什么通婚？这个不是你随口一说的吧！"

"不，当然不是随口一说的……"我狡黠一笑，"我一会儿跟你说说，你一定会觉得很好玩，因为这肯定是你料想不到的。不过先别着急，刚刚说到，米诺斯文明时期的克里特看到了世界上其他地方所发生的事，因而大受启发，不过她以自己独特的方式发展了自己的文明，带着诙谐，带着巧智，带着地中海风格，当然了，也带着对美食和大自然的热爱。她就是古希腊的'天后'。她建造了许多宫殿。什么样的宫殿？宏伟的宫殿！在公元前2000年左右，也就是所谓的古王宫时期，那里就建造了第一批宫殿。大约300年之后的新王宫时期，他们在克诺索斯（Κνωσός）、费斯托斯（Φαιστός）、玛利亚（Μάλια）和扎克罗斯（Ζάκρος）又重新建造了更加宏伟、更加壮观的宫殿……"

"为什么克诺索斯王宫比其他的更为出名？"

"克诺索斯王宫是第一个也是最大的一个王宫，相较于其他宫殿，它的尺寸大小、奢华程度、恢宏气势，在许多个世纪里都是无与伦比的。王宫里有楼梯、广场，还有巨大的仓库、会场、浴室、石板路、供水和排水系统，甚至还有蓄水池！"

"嗯，真是什么都不缺啊。"

"还是有缺失的。是一种出人意料的缺失，这种缺失使米诺斯文明更加令人叹为观止——整座王宫的四周都没有围墙。"

"这意味着什么?"

"意味着当时的中央权力相当稳固,制度和文化体系极为稳定和强大,他们丝毫没有感受到威胁,甚至觉得没有必要在四周建造高墙来保护自己。这么繁荣的环境能自然而然孕育出什么呢?"

"能够收获扁桃——这样他们可以把果实摇下来——不过你一定会骂我的。无论如何,显而易见的是,如果他们这么繁荣富裕,那肯定生活得很好。"

"我不确定他们是不是一直生活得很好,不过他们的文明发展得确实不错。首先,他们有体育活动。受到东方不同民族活动的启发,他们创造出了自己的活动,那就是牛背体操和杂技。"

"什么是牛背体操?"

"是当时的一种运动。他们让一头牛在广场上奔跑,然后努力跳到奔跑的牛的背上,在上面表演杂技——用脚尖旋转,然后从另外一侧落地。他们还有艺术品。他们的艺术发展得极好,不论是大型艺术品,还是微型工艺品,都精美绝伦。那些精巧高雅的饰品会让你忍不住惊叹:做出这么小的物件的那个人究竟是怎么做到不眼花的!除了饰品,他们还有绝美的壁画,色彩如此鲜艳,你都会以为那是昨天才画出来的。"

"对,我记得那些壁画,令人印象非常深刻。"

"哦对了,说到壁画,我也借此机会跟你说说之前提到的克诺索斯王族和埃及法老之间的联姻。人们在泰尔埃尔达巴遗址①(Τελ ελ Ντάμπα)的一处埃及宫殿里,发现了米诺斯壁画。"

"正宗的米诺斯壁画?"

"至少非常相似,创作者如果不是米诺斯本地的艺术家,至少也是非常精通米诺斯艺术的艺术家,因为除了艺术风格非常相似,壁画上还展现了牛背体操。"

"真的啊,这说明了什么?"

"你看啊,在那个时期及其之后的时期,皇室成员的婚姻都是外交联姻。所以很有可能当时某位埃及国王和某位米诺斯公主举行了盛大的皇室婚礼呢。"

"所以是米诺斯的公主带去了艺术工匠?"

"也有可能是为了给她建造新的居所,让她可以铭记自己的祖国。"

"那她还带了其他东西吗?"

"这个我们就无从得知了!只能靠想象。你瞧,考古学可以让你的想象飞驰到你从未想过的地方。"

"对,我确实不曾想过米诺斯人在埃及的牛背上跳舞这种场景。"

"想象一下,公主登上了船,在港口望着克里特美丽的青山,忧心忡忡。她的妆奁中肯定装满了她想带走的个人物品——也许是某条她最爱的裙子,也许是某件她从小玩到大的玩具——那些能让她在通往未知的旅途中感到笃定踏实的物品。哪怕已经知道

---

① 位于埃及尼罗河三角洲区域。——编者注

自己要投奔的人是谁,也依然感到陌生,因为那个人说着不一样的语言,崇拜着不一样的神祇。在她听到的描述中,那些神祇是长着动物脑袋的像石头一样的巨人,那个地方的城市有着巍峨的城墙和宫殿,一条像大海一样宽阔的大河流过一片目之所及都是沙子的平原,沙丘中有着一些形状奇怪的庞然大物,是石头做的,四个面组合在一起,像高耸的鼻子般指向天空!在埃及人的描述中,那些东西是如此巨大,在她出生的几千年前就已经建成,以至于她不相信他们说的是真话。对这位米诺斯公主来说,世界上最大、最著名的地方就是大家聚在一起看牛背体操的地方——克诺索斯的中央广场。"

"好吧,被你这么一说,这处古迹就变得更有人情味了。我小时候去过克诺索斯,不过没想过他们在节日庆典的时候能跳上牛背跳舞。"

"米诺斯人的创造不仅仅停留在婚礼、庆典和各种娱乐活动上面,他们还发明了文字,用于记录财政收支,因为管理着这么多的宫殿、这么庞大的'网络',不做点记录怎么能行呢?单凭人脑记忆,年复一年,时间长了总会疲累的。文字方面,最早使用的是一种象形文字……"

"埃及象形文字?"

"不是,是克里特象形文字。因为它跟埃及象形文字有些类似,所以也被称为'象形文字'。不过很快它就演变成了另一种更为复杂的文字——线形文字A。"

"是什么语言？我们知道吗？"

"首先，文字和语言是两回事。一种语言可以用许多种不同的文字书写出来。另外，我们不知道线形文字 A 表示的是哪一种语言，也还没有破译这种文字。我们只稍微了解到一些——主要是数字符号——但总体上我们还没能对这种文字展开解读。这个问题就留给未来的科学家们去解决吧。"

"克里特有一种魔力，对吧？魅力四射。"

"对，但也有很多神秘之处。能让我们至今仍为之着迷，这并非偶然。那时候还有一些能歌善舞的女郎，一有机会就翩翩起舞，有时候会两手抓着两条蛇，裸着胸闲庭信步。"

"为什么裸着胸抓着蛇？"

"为什么不呢？"

"你这叫什么回答？"

"随口一答！逗你玩呢。事实上，我们目前对于克里特的裸胸持蛇女雕像还没有一个明确的解答，不论是从宗教上还是从思想上都没有定论，因为我们没有这方面的文字来源，你也知道我们不能鲁莽地把猜测说成定论。但是总的来说，我们知道在所有这些材料的背后，体现了一种奇特的生活方式和宗教哲学。光是这一点就足以打动我们了。当然了，这也为很多神话故事提供了素材。根据神话故事，宙斯就是在克里特诞生的，这种说法并非偶然。"

"宙斯是在米诺斯时期诞生的？"

"这个我们并不知道。但是在古代早期，所有的古希腊人都认为克里特是众神之父的故乡。这个故事的'设定'是这样的：宙斯的父亲克洛诺斯（Κρόνος）是一个非常迷信的神，对预言的内容毫不怀疑。某天，克洛诺斯听到了一个神谕，说他其中的一个孩子会抢夺他的王位。由于那时候还没有避孕措施，所以他选择了对他来讲唯一合理的做法——生吞自己的孩子。他一口就把孩子们吞进了肚子里。不然他还能怎么办呢，难道要等着失去王位吗？神明保佑！确切来说，应该说'神明饱胃'。他的妻子瑞亚（Ρέα）在看到自己的孩子们正被一个个当作早午餐吃掉之后，决定把最小的孩子宙斯藏在克里特的一个山洞里。当克洛诺斯要求瑞亚把新出生的孩子送给他吃掉的时候，她包了一块石头拿给他吃了。因为这个小小的神祇很爱哭，为了不让克洛诺斯听到哭声，当地的一些小灵怪敲打着盾牌假装是在打仗，以此来掩盖婴儿的哭声，以免被那个残暴嗜食的父亲听到。"

"难道没有人想过那个小婴儿之所以会哭闹，有可能是因为在洞里看到了一群精怪在他面前乱窜吗？"

"哎呀，儿童心理学的知识和这个故事无关！最终宙斯靠着吸食山羊阿玛耳忒亚（Αμάλθεια）的乳汁长成了一个年轻人，并决心要征服世界。他使他的父亲吐出了之前吞食的那些兄弟姐妹，尽管这些兄弟姐妹们之前都被浸泡在胃液中，在他们父亲体内饱受折磨，不过他们很快就恢复过来并站在宙斯这边，向他们的父亲和其他泰坦神（Τίτανοι）发动了战争，最终取得胜利并将宙斯送上了王座。年轻的神王在荣耀光环的笼罩下，就想着利用知名度征服女性。他一路来到腓尼基（Φοινίκη），化身为一头牛，拐走了年轻的姑娘欧罗巴（Ευρώπη），载着她漂洋过海来到了克里特。这片大陆就是因为宙斯的这个情人而命名为'欧罗巴大陆'的。"

"幸好。要是他爱上的那个人叫作'阿芙罗克西兰西'，那我们今天的欧盟就该叫作'阿芙罗克西兰西联盟'，欧洲援助框架就应该叫作'阿芙罗克西兰西援助框架'了。"

"同样是在这座岛屿上，曾经有一个名叫米诺斯的伟大国王，他的妻子爱上了一头牛，与牛结合后生下了半人半牛的米诺陶洛斯。这个失和家庭的孩子明显心理状态不稳定，可能有某种未能及时诊断的病症，最终发展到了要吃人的地步。余下的故事就是多少有些出名的'米诺斯偶像剧'了。美男子忒修斯（Θησέας）非法进入了这个国家，杀死了米诺陶洛斯，带走了国王的女儿阿里阿德涅（Αριάδνη）并和她私奔了。'那些外来者拐走了我们最好的姑娘。'爱嚼舌根的米诺斯人穿着华丽的裙子在克诺索斯王宫的巷子里窃窃私语。"

"你知道我想象中的米诺斯文明是什么样的吗，考古学家？人们相亲相爱，没有战争，大家在花丛中载歌载舞，简单快乐，本地的袒胸姑娘们来来往往。就是这样吧？理想的自然主义社会。"

"你太天真了，我的朋友！他们的陪葬品是武器！如果他们不知道战争，为什么会有武器？你以为克里特人都像约翰·列侬[①]和小野洋子[②]一样文艺吗？别忘了，我们所看到的米诺斯文明是亚瑟·伊文思想要展示给我们看的，也正是这个让他出名。而且我们知道米诺斯人可不是简单的'善良且美好的人'，他们甚至还有人祭。"

"怎么可能？！"

"可事实就是这样。我还要跟你说，在一次好运爆棚的考古过程中，人们在山里挖掘出了一处神庙，也就是位于朱克塔斯山（όρος Γιούχτα）的阿涅摩斯匹利亚（Ανεμόσπηλια）。在其中一个房间中发现了3具骸骨，其中的两具（一男一女）死于地震和随之而来的火灾。但是第3具骸骨是一个年轻男性的，他躺在地上，一只脚被绑在一个像祭坛一样的石头桌子上，祭坛上还有一把刀。有可能是在某个地震频发的时期，人们决定用这个年轻人作为祭品来平息神灵的怒气。可是就在进行祭祀的时候再一次发生了地震，所有人都一起被埋在了里面。"

"可是，这不会破坏我们对祖先的印象吗？会不会有点儿像……在给他们泼脏水？"

"为什么我们对过去的印象就必须完美无瑕呢？难道我们现在地球上的人类就已经是完美的吗？如果现在不完美，为什么过

[①] 约翰·列侬（John Lennon），英国男歌手、音乐家、诗人、社会活动家，摇滚乐队"披头士"（The Beatles）的成员。——编者注

[②] 小野洋子（Yoko Duo Lennon），日裔美籍音乐家、先锋艺术家。——编者注

去就必须完美呢？不管古人有多少无可避免的毛病，难道因为这些毛病我们就不能惊叹于他们的成就吗？那是一个野蛮的时代。难道你会去问一个史前人类'神庙怎么没有设置残疾人通道'？这不是很荒谬吗？"

"对，确实有点儿荒谬。我说句题外话，你知道你跟我讲克里特的这段时间里我一直有一个什么疑问吗？就是……基克拉底群岛那边，他们的文明消失了吗？"

"当然没有！恰恰相反。只不过在那个时期，基克拉底群岛明显已经受到了克里特的影响。"

"什么影响？政治？经济？文化？"

"可能全都有。文化影响是肯定有的，圣托里尼（Σαντορίνη）就向我们展示了这一点。大约在公元前 17 世纪末，圣托里尼的火山喷发了。那个时候火山已经开始轰鸣，人们便匆匆忙忙地离开了，所以，我们没有发现因火山爆发而身亡的受难者遗体——至少目前还没有发现。"

"什么叫'目前没有'？这片遗址没有被全部发掘完吗？"

"当然没有！人们只发掘了其中的一处。不论如何，那里发生了火山喷发，因为火山就像一个有愤怒管理障碍的人，一旦爆发便摧毁一切。火山灰覆盖了整座古城，这座古城位于现在的阿科罗提利（Ακρωτήρι）小镇，它给我们展示了一种出乎我们意料的生活水平。"

"像一座史前的庞贝城？"

"完全正确,就像一座史前的庞贝城。那里道路通达,有各式各样的广场,有建造精良的两层住宅,住宅里设施齐全,还装饰着精美的壁画。和潘格拉底①(Παγκράτι)的公寓不同的是,这里的壁画只有两种——一种是静物,另一种是海景,色彩是焦糖色或玉兰色。房子里有精雕细琢的家具、漂亮的陶瓶,生活水平很是令人羡慕。所有的这一切都由于圣托里尼的火山爆发而被保存了下来。"

"就是这次火山爆发摧毁了米诺斯文明?"

"这次爆发没有摧毁米诺斯文明,这个传说已经是几十年前的了。当然了,这次火山爆发肯定对米诺斯文明造成了打击,但是并没有摧毁它。"

"那如果米诺斯文明不是被火山爆发摧毁的,它又是怎么衰落的?"

"没有一种文明会仅仅因为某一天发生的某件事就崩溃了。在某一时刻,由于一些未知的原因,米诺斯文明遭受了来自希腊大陆的入侵,至于入侵的方式我们也只能进行推测而已。就在克里特越来越繁荣的时候,希腊主大陆也开始越过内生发展阶段。在公元前1600年左右,希腊主大陆开始诞生出一个有贵族、有军队的扩张性文明。迈锡尼人最初居住在希腊南部,他们建造了自己的宫殿,并向四方扩张。通过贸易或者军队入侵,他们很快

---

① 潘格拉底坐落于雅典卫城东南方,是第一届奥林匹克运动会的遗址。——编者注

就渗透到了整片希腊大陆、爱琴海、克里特以及小亚细亚沿岸。对迈锡尼人来说,克里特由于其奢华的生活和高水平的文化,不论是作为征服对象还是灵感启蒙者,都有着巨大的吸引力。"

"你们考古学家什么都靠推测。关于费斯托斯圆盘你们靠推测,关于米诺斯文明的没落你们也靠推测……你们就不能简单地通过发掘来找出到底发生了什么事吗?"

"我的朋友,事情可没那么简单。考古学可不仅仅是发掘而已。"

"啥意思?"

问　答

"考古学不仅仅是发掘"是什么意思?

"考古学并不仅仅是挖一挖然后看看地里有什么,这只是考古发掘阶段做的事。整个科学流程在发掘之前就已经开始,并且在发掘完成之后的很长时间都会继续。后续的那部分才是这门学科的核心,这个核心就是如何对文物进行解读。"

"什么解读?你找到的物件不会'告诉'你吗?"

"你没搞错吧?我很怀疑谁会以为把耳朵贴在石头上、陶瓶上、地上就能听到什么,它们又不会说话。挖出来的这些东西都隐含着沉默的真相,这里有一个非常不好的事实,就是这些东西总是趋向于'符合'我们所做的任何推测。只要你希望把这些东西和你脑中的理论进行对应,就总能找到对应的方式。因此,除了能从土里发掘到什么,还有一个最大的问题,就是如何对发掘出的物品进行解读。"

"有这么复杂吗?"

"你看啊,在很多年以前,考古学是很简单、很单纯的,也可以说很幼稚，近乎无知。看到某样东西，人们就以脑中闪过的第一个念头来进行解读，然后便把其余可能抛之脑后并继续前行，或者只是坐着欣赏从土里挖出来的那些美丽的小玩意儿。举个例子，如果有人找到了一个看起来像古希腊或者凯尔特①风格的陶瓶，就会认为那个地方可能有古希腊人或凯尔特人居住过。这种方法我们就暂且称为'文化-历史'法。"

"好，我理解了。那这种方法有什么不合理的地方吗？"

"这种方法并不合理，它过于简单了，而且具有很高的危险性。首先，这种逻辑被各个民族用于意识形态辩护，而这些辩护往往是为了给占领区域、领土、遗产的行为'正名'，使那些帝国主义行为合理化；其次，它忽视了人类文明作为一个整体的本质及其所具有的神奇的复杂性。"

"我还是不理解，为什么即便在某个地方发现了一个古希腊陶瓶也不能代表那里曾经有过古希腊人呢？"

"我用一个例子来给你解释一下。如果将来有人来发掘我的房子，会发现里面有各个不同国家的物品：日本的、德国的、意大利的、土耳其的、韩国的等等，但希腊的物品很少。可事实上，以上任何一个国家的人都没有在我家住过，甚至都没有到过我家。如果只通过我的所有物来判断我的国籍，那么我就是一个无法被判定国籍的人。或者，如果我趁着打折的时候买过很多韩国的家电，那我就会被认为是韩国

---

① 指上古欧洲由共同语言和文化传统凝合起来的松散族群，分布于西欧，其中以爱尔兰人、盖尔人、威尔士人、布列塔尼人为代表。——编者注

人。你说是不是这个理儿？我再举第二个例子来跟你说说这种方法的危险性。当纳粹主义在德国猖獗的时候，考古学常被纳粹分子及其支持者们作为道德辩护的'西罗亚池'①（κολυμβήθρα του Σιλωάμ），他们以此为借口来占领那些位于德国之外、但是发现过德国文物的地区，比如波兰。我们都知道这段历史是如何演变的，尤其是在1939—1945年这段时间。如果你不知道，我就简单地跟你说一下，结果并不好。其他以现代意识形态的利益为导向来分析过去的例子还有：苏联的考古学几乎完全专注于马克思主义社会分析法；南非种族隔离的考古学则否认了非洲土著人民在早期拥有文明的可能性，并将每个发现解释为欧洲殖民的证据；在19世纪和20世纪的大部分时间里，希腊政治利用考古学，试图通过'净化'历史，使其看起来更光鲜，来强调和激发民族情绪和'自豪感'。"

"那人们是如何走出这个误区的呢？"

"当考古学意识到仅仅依靠国籍来定位、分类和识别文物是不够的，必须更深入地发掘并质疑那些显而易见的东西的那一刻，就是这门年轻的学科脱离无知的时刻。这种思潮大约始于20世纪60年代，并在20世纪70年代得到了发展。这就是新考古学时期。我们之前不是说了吗？考古学是一个年轻的姑娘，她与一众实证科学为伴。她努力地向那些学科学习，寻找存在于文化现象背后的过程，因此被称为'过程主义考古学'。在过程主义考古学中，各个文明变

---

① 原指耶路撒冷城内的一个供水池，后因宗教传说而具有了"净化"的意味。——编者注

成了一个个包含不同子系统的系统,依据各种分析和数据模型进行传递。"

"好的。那么理论问题就到此结束了吧?考古学找到她的目标了。"

"没有,没那么简单。到了某一刻,人们又由于过度的数据分析而丧失了研究的实质。考古学意识到这样也不够,因为她还必须考虑到人这个不可量化的因素,还要考虑到考古科学家们本身也有着他们自己的意识形态和偏见。这就是人们所说的'后过程主义考古学'。"

"后过程主义考古学又是什么?"

"后过程主义考古学在文物中寻求人的因素,她是过程主义考古学的补充,不过在科学上还是争议不断。"

"你们这也太迷惑了吧?那最终考古学有没有定论?还是仍在探索中?"

"其实考古学努力追求的就是把上述因素进行融合,并结合人类其他方面的因素进行考量。从寻找性别在文化中的含义的性别考古学,到研究古代经济和社会因素的社会考古学,所有的这一切,一起组成了考古学这张大拼图。"

"但是,朋友,我们为什么要讨论这么多考古学理论呢?"

"正如我们开头所说的,如果你在考古研究中不知道要寻找的是什么,缺乏明确的研究目标和工作框架,你就无法进行明确的解读。这种情况下你就仅仅是一个寻宝猎人而已,无法获得答案。想要获得答案,你得先提出正确的问题。比如,就像我们之前提到的问题:是什么导致了米诺斯文明的没落？"

"啊，对！我们正说到那儿呢。你提到了迈锡尼人的到来！迈锡尼文明是什么样的？"

"好嘞，下面我们就来说说迈锡尼……"

第四章

如果我疯了，我会起身离开

迈锡尼文明

"大约在公元前1600年,我们进入了青铜时代晚期。当时最早的希腊人已经占领了希腊大陆,受到基克拉底人和米诺斯人的影响,他们也渐渐发展出了城市文明,开始建造宫殿。"

"你等等!迈锡尼人是最早的希腊人?"

"迈锡尼文明是有记载的最早讲希腊语的文明。这个文明起源于希腊大陆,它先是统治着希腊大陆,后来它的统治又扩展到了其他岛屿,比如克里特岛、小亚细亚半岛、马其顿[①](Μακεδονία)和意大利半岛南部,迈锡尼文明因其最核心最著名的王宫——迈

---

① 指位于古希腊西北部的城邦,后发展为马其顿王国。——编者注

锡尼王宫而得名。他们在整个古希腊都建造了迈锡尼风格的王宫，从古马其顿到小亚细亚，到处都有迈锡尼风格的设施。除了最著名的迈锡尼王宫，他们最重要的宫殿还包括在皮洛斯（Πύλος）、忒拜（Θήβα）、伊奥科斯（Ιωλκός）、梯林斯（Τίρυνθα）、米狄亚（Μιδέα）等地的宫殿。当然了，还有一座在雅典卫城上的宫殿，不过后来因为过度改造而被毁掉了。"

"迈锡尼人的文明也跟米诺斯人的一样那么灿烂吗？"

"我们最好不要试图将不同的文明进行比较，这么做有什么意义呢？不同的文明之间有很多相同点，但也有着巨大的不同。"

"有什么巨大的不同？说一个来听听。"

"迈锡尼人更擅长征战和战争艺术，古典希腊时期的古希腊人也都把他们想象成伟大的战士。"

"你前面说他们是讲希腊语的？"

"他们的文字也是希腊语！迈锡尼人采用了从克里特看到的文字体系，进行了一些改造，变成了线形文字 B 进行使用。"

"也就是说，他们采用了米诺斯人的语言？"

"别搞混了，文字和语言是两码事！就像我们今天在互联网上会用拉丁字母来写希腊语一样，就是所谓的'英文式希腊语'（Greeklish）。"

"哦！那你说他们用希腊语书写是什么意思？"

"我们已经发现了几千片刻有线形文字 B 的泥板。在这个过程中，最早的刻有线形文字 B 的泥板是在克里特发现的，这些文字最初被认为是克里特文字。但是在此之前，人们已经在克里特发现了更为古老的线形文字A，而且线形文字B的泥板也开始在伯罗奔尼撒半岛被大量发掘出来。现在我们已知线形文字A是米诺斯人的文字，而线形文字B是迈锡尼人的文字。当然了，当时的书面文本只存在于王宫中。在伯罗奔尼撒半岛的皮洛斯宫殿，人们发现了一个被焚毁的王室档案库，还保留着被焚毁时的样子。确切来说，幸好有了这场火灾，那些泥板才得以保存下来。"

"为什么这么说呢？"

"那个时代的记录员将文本写在没有烤过的泥板上，这些泥板有树叶形的，也有我们今天的纸片形的，写完之后把它们分类存放在柳条箱或木箱里进行归档。当季节交替，需要记录的事情发生了变更，他们就会取出这些泥板，用水泡开后制成新的泥板。"

"太环保了，公元前2000年的再生和循环利用技术。"

"不仅如此，他们的这项技术对我们来说还有另一个好处。那些迈锡尼宫殿是被火和刀斧暴力毁坏的，大火在摧毁宫殿的同时也烘烤了那些泥板，所以它们才得以保存到几千年之后。"

"也就是说，迈锡尼人是识字的？"

"总体来说我不认为是这样！会识字写字的只是少数人。我们已经从泥板上识别出了几十种字体。王宫里会有一些记录员，这些记录员会取出未经烘烤的泥板，摊在手掌上捏出树叶的形状。如果需要记录的内容比较多，记录员们就会把泥板捏成小书页的形状，再用尖锐的物体在上面一行行地记录进出王宫的物品。"

"你刚才说我们已经发现了好几千片这样的记录？它们都记了些什么东西呢？"

"其中绝大多数都是会计账簿。"

"这可太奇怪了！"

"是奇怪，但并非毫无用处，里边也不缺有用的信息。"

"我对会计一点儿兴趣都没有。"

"茴香、芹菜、孜然、白豆蔻、洋乳香、芫荽、芝麻、胡薄荷……"

"你怎么了，考古学家？脑子坏掉了？你在说什么呢？"

"我在跟你列举迈锡尼人的饮食中使用的香草和香料的名字呢。刚刚你还急着判定王宫里会计账簿的价值，但是你瞧，就是那些账簿向我们展示出，如果要用地中海这片土地上的物产做一餐美食的话，不论是你，还是3500年前的迈锡尼人，使用的都是同样的材料，并且叫法也是一样的。"

"我被吸引到了！那我们还能从那些泥板中发现什么？"

"我们可以直接发现很多东西，甚至还有社会问题。比如说，有一片泥板中提到了祭司和市政府的一场'诉讼'。女祭司艾瑞莎（Εριθα）是某位神祇的神使——具体是哪位神祇我们不知道——她向法院主张拥有一大片土地的所有权，相应的市政府则进行了抗辩并拒绝将土地给她。我们还从泥板中知道，在某一场庆典中——有可能是一位名叫奥革阿斯（Αυγείας）的年轻贵族的即位庆典——他们举办了非常疯狂的盛宴！"

"用了几百公斤肉?"

"几百公斤?你在说什么呢?用了1头牛、26头公羊、6头绵羊、4头山羊和7头猪!总共加起来超过了2吨肉。还没有算上另外几千公斤的水果、蔬菜、蜂蜜和葡萄酒!"

"奥革阿斯?所以记录里还有一些人名?"

"不仅仅是人名,还有他们的动物的名字。比如说,我们知道有一些农民的小牛叫'小斑点''小黑''小金''白脸脸''小酒红'。"

"太棒了!还有提到其他什么重要人物吗?"

"提到了一个女祭司,叫卡尔巴西亚(Καρπαθία)。从记录上看,这个女祭司让贵族们很是头疼。"

"为什么呢?"

"因为她要么是太懒了,要么就是对自己的职责毫不上心。其中一块泥板中提到这位女祭司有两块地,虽然她有义务要对这两块地进行耕种,可她就是不耕种。不过我个人最喜欢的一块泥板,是一位记录员画的战士跳舞图,很明显,那个记录员要么是在某一刻觉得生活无聊了,要么是正处于等人送来产品的空当儿,要么就是那天正好有空,他把泥板翻过来,在背面画了一个正在跳舞的战士……谁知道他那会儿都在想些什么呢?'唉,妈呀,我原本是想成为一个战士的——或者福迪斯·梅达克索普罗斯[①](Φώτης Μεταξόπουλος)——但最后成了政府的记录员。'"

---

① 希腊著名舞蹈家。——译者注

"你知道我最想知道的是什么吗?这种文字最终是怎么被破译出来的?"

"是研究者们花了许多年时间、付出了巨大的努力才破译出来的。"

"那线形文字 A 为什么还没被破译呢?"

"首先,因为我们手头的文本数量没有线形文字 B 的那么多,文本数量非常重要,人们需要更多的材料来测试破译得对不对;其次,因为很明显,线形文字 A 记录的不是我们认识的语言。有人尝试过像破译线形文字 B 一样,基于希腊语对其进行破译,但得不出结果。如果它记录的是希腊语的话,我们早就破译了。线形文字 B 的破译让人们得知了古代王宫系统是如何运行的,以及那个时期的经济情况。不仅如此,你还能总结出很多社会现象,比如在当时是有奴隶的。"

"这个我一点儿都不觉得意外。"

"或者比如那个时期已经存在专门划分给神职人员的土地,并且与公共土地和私人土地区分开来,那就是……神圣围地①。"

"哈!我们现在还在使用'圣地'这个词呢!也就是说,神职人员从那时候开始就已经有钱又有权了。只有这些吗?线形文字 B 就没有提供其他什么信息吗?"

"说实在的,线形文字 B 还向我们展示了当时人们所崇拜的那

---

① 神圣围地是指一块被砍伐并划定为官方领土的土地,尤其是供国王和酋长使用的土地;或者是划定一块普通用途的土地并献给上帝,例如圣所、圣林或圣地。——译者注

些神祇。而且，出人意料的是，迈锡尼时期的希腊诸神，有很多都是古典希腊时期的神祇，而且还不只有那些。那个时期有宙斯，有狄亚（Δία），也就是'女性版的宙斯'，还有赫拉，以及德里米奥斯（Δρίμιος），宙斯的儿子。"

"可是狄亚和德里米奥斯这两位神祇我还是第一次听说呢！宙斯的这个儿子是什么人？"

"他们都是神祇，是远古宗教的一部分，后来消逝了。可能那个时期的很多神祇你都是第一次听说，比如厄耐阿琉斯（Εννάλιος），后来被证实就是战争之神阿瑞斯（Άρης）。还有佩奥纳斯（Παιάωνας）、波特尼亚①（Πότνια）、埃利维娅（Ελεύια）、特里希罗亚斯（Τρισήρωας）。不过你肯定听过雅典娜（Αθηνά）、阿尔忒弥斯（Άρτεμης）、赫尔墨斯（Ερμής）、狄俄尼索斯（Διόνυσος）、阿波罗（Απόλλωνας）、波塞冬（Ποσειδώνας）……但是肯定没听过波塞达娅（Ποσιδάεια），也就是'女性版的波塞冬'。"

"所有这些名字都出现在了那些泥板上吗？是作为祷文出现的吗？"

"我们之前说了那些都是会计存档。很多神祇的名字都出现在那些记录了供奉给他们的礼物的泥板上。比如有一片出自皮洛斯的非常重要的泥板上就记载了一个叫斯法亚尼斯（Σφαγιάνες）的地方，

---

① 米诺斯文化中的自然女神，主要掌管自然和丰饶，神职近似农业女神德墨忒尔（Δήμητρα）。——编者注

在 4 月①的祭祀仪式上,向诸位神祇供奉了各种礼物和活祭!波特尼亚的供奉是一个金酒杯和一个女人,波塞达娅②的供品也是一个金酒杯和一个女人,特里希罗亚斯的供品则只有一个杯子……他应该是低等级的神祇。"

"哎呀妈呀,等一下!活祭指的是用人献祭?"

"有很大可能性是的。还有一种小的可能性,是用那些作为物品提供给神庙的奴隶,但我觉得这个可能性不大,因为泥板上提到了献祭。可能我们把他们当作服务寺庙的奴隶,只是我们自己努力想要美化现实而已。此外,在波塞冬的节日也提到了供奉礼物和活祭,其供品是一个金酒杯和两个女人。而在宙斯神庙的供奉规则是:向宙斯供奉一个金酒杯和一个男人,向赫拉供奉一个金酒杯和一个女人,而他们的儿子德里米奥斯则只有一个酒杯。"

"他们那是在哄小孩呢。唉,这么看来我们的祖先很嗜血啊,而我之前竟然不知道。"

"迈锡尼时期是一个很残酷的时期,但同时也是一个秩序井然的时期,而且看起来是繁荣的时期。"

"前提是你别在某个庆典作为祭品被献祭掉了。至少现在参加婚礼庆典的话,你顶多会看到水煮山羊,而不是活祭伴娘!"

"尽管当时的神职人员很有势力,但是拥有统治权的是王宫,而且当时政治管理体系有着非常森严和复杂的等级。一国首领和

---

① 这里指线形文字 B 记载的一年中的第 4 个月。——译者注
② 此处的 Ποσίδεια 和上文中的 Ποσιδάεια 一样,都指"女性版的波塞冬"。——译者注

最高领导者是国王,所以他居住的那栋建筑被称为'王宫'。"

"那会儿没有巴赛勒斯①(βασιλιάς)吗?"

"有的!但是他们处在相当低的等级。在等级制度中,排在国王后面的第二要职是元帅,也就是统帅军队的人,再后面是国王护卫等人和地方贵族。巴赛勒斯是级别很低的地方官员。记住这一点,后面你会用到。"

"我的天啊!在那么古远的时期就已经有这么臃肿的公共部门了!那么这些人具体都是做什么的呢?"

"目前还不能确定各个职位所负责的工作。但是很显然,其中某些人是负责军事事务的。其他人可能负责各种不同的事务吧,比如贸易、管理、宗教等。那是一个复杂的社会体系,不然怎么能够建造出这么宏大的宫殿和雄伟的城墙呢?"

"我还想了解一下迈锡尼人和狮子门的信息。"

"狮子门是辉煌的迈锡尼宫殿的主入口,美轮美奂,气派非凡。两头狮子明显象征着中央权力的勇武和强大。中间的空位肯定挤不下两个狮子的头,因此我们猜测它们的头可能是转向外面望着来人的。英国的埃尔金勋爵在一次旅行中造访了狮子门,萌生了想要把它搬走的想法。他试图在周围的村子里找到工人,但是在19世纪初,阿尔戈利斯(Αργολίδα)地区并没有足够的劳力来搬动这么巨大的石头,埃尔金只好失望地离开了。不过他还

---

① 巴赛勒斯原是指迈锡尼时期的地方官员,后来演变成希腊城邦国国王的称谓。——译者注

是带走了帕特农神庙里一半的雕塑,这件事让我们希腊人民至今仍然耿耿于怀。"

"不论如何,迈锡尼社会听起来非常强盛且伟大!后来发生了什么?"

"在某一刻,迈锡尼文明衰落了。"

"它也衰落了?为什么啊?"

"你问到点子上了。关于迈锡尼文明没落的原因大家已经讨论了好几十年了!是由于内部腐败,还是气候因素影响了农业收成,还是由于社会动乱,或者遭到入侵,又或者前述所有的因素都有?很有可能不止一个原因。有一种说法是,某些野蛮人组成舰队横扫了地中海东部,不知道那些人是不是来自撒丁岛①(Σαρδηνία),他们攻击了所有的民族,所以那些国家都像枯叶一样衰落了。对于这些由不同的未知种族和群体乌合而成的暴徒,我们统称为'海上民族'。事实上在青铜时代末期,他们像狩猎者一样劫掠了整个地中海。很有可能就是他们攻击了古希腊迈锡尼文明,就像他们攻击地中海东部所有的伟大国家一样,他们还攻击了赫梯帝国、叙利亚和巴勒斯坦,甚至胆敢挑衅当时无比强大的埃及。直到埃及,他们的势头才被遏止,埃及以其强大的力量阻止了他们,就是这样了。伴随着这一场巨大的动荡以及诸多国家的衰落,青铜时代也结束了。"

---

① 今意大利第二大岛屿。——编者注

"但是,那个,那个时候不是有那个……怎么说来着……'多利安人南下'(Κάθοδος των Δωριέων)吗?"

"是,也有人认为迈锡尼文明是多利安人摧毁的。但是你看啊,这场南下并没有任何考古记载,也没有任何文化资料表明当时希腊南部有新人口流入。他们的说法是在迈锡尼宫殿没落之后,希腊大陆的陶器上的主流几何纹样是多利安陶罐上的几何图形。其实并不是这样的。首先,因为正如我们之前所说的,将陶器类别与具体的民族群体进行关联从来都不是一个好方法,因为如果可以这样做的话,那么未来的考古学家们就会认为我们这个时代的所有人——注意,是所有人!——都属于一个叫作'特百惠'①(Tupperware)的超级民族!其次,几何纹样最早是在阿提卡开始使用的,从传统上来看,这里是一个多利安人不会停留的地方,他们要越过这里才能去到伯罗奔尼撒半岛。"

"所以,你想说明什么?是想说没有多利安人南下这回事吗?"

"我没有这么说。只不过他们南下的方式可能不像我们之前以为的那样会造成古希腊整体的动荡,或者至少不是造成迈锡尼文明崩溃的必然原因。"

"噢!看来这也是个大谜团,你们还有很多工作要做啊。"

"是啊,还有很多工作。幸好如你所言,想象一下,如果我们已经把所有的谜团都解开了,那该多无聊啊!无论如何,无比

---

① 塑料保鲜容器厂家,总部在美国。——译者注

强大的迈锡尼文明体系由于某些原因崩溃了,随之而来的是希腊中世纪,我们也称之为'黑暗时代'。"

"黑暗时代?文明崩溃和黑暗时代是在什么时期发生的?"

"大约在公元前12世纪末迈锡尼文明开始衰落,而在公元前11世纪——大约公元前1050年,我们进入了黑暗时代。"

"提问!你一会儿跟我讲那些名词,比如古希腊大陆文明晚期、迈锡尼时期、几何时期,一会儿又跟我讲年份!为什么要这么表达?为什么在年代上这么混乱?你们总共有多少种纪年方法?"

"那好,我来给你说道说道。"

问　答

文物如何断代纪年？

"你的这种疑惑非常常见，文物的纪年法分为两类，一种叫'相对年代纪年法'，一种叫'绝对年代纪年法'。相对年代纪年法是指，我们考古学家对古代的年代划分通常基于陶器，因为这是最常见的发掘物。绝对年代纪年法则是基于我们都熟知的世界通用历法中的年份和世纪。"

"有点儿令人费解，你给我解释一下。"

"举个例子你就能理解了。比如有一个陶瓶，我们假设它是一个迈锡尼时期的陶瓶。根据相对年代纪年法，它属于古希腊大陆文明晚期第三阶段，而根据绝对年代纪年法，它的所属年代是公元前 1400 年。"

"那为什么你们要有两种纪年法呢？"

"相对年代纪年法对于研究者而言更为便利，它的适用性更强。而绝对年代纪年法则更为精准，也更能为非专业考古爱好者所理解。而且，较晚发掘出来的文物的年代表示法能够在相对年代和绝对年代之间相互转换。确定绝对年代是我们的最终目标，只不过相对年代对我们来说更为便利，因为它有利于我们提出各种科学假说，直到得出最终结论，它让我们的工作能够不受制于绝对年代。相对年代纪年依据的是考古发掘地层研究和文物类型学。"

"你说的'地层研究'是指什么？"

"土壤在不同的时期有相应的分层，在不同的分层能发现不同的文物。由于比较常见——通常也比较有用——的文物是陶器和瓷器，我们已经能够将当时使用的不同形状的陶器进行时间上的排序，这个叫作'类型学'。"

"能不能给我再详细一点儿地解释一下类型学？"

"比如说，我们今天怎样才能将汽车行业的各种不同车型按时间进行排序，并观察出在一个世纪的时间里从一种车型到另一种车型的逐渐演变呢？如果你看到了一款 1960 年的车型，你一看便知它所属的年代，因为你知道了汽车车型的发展演化进程。我们对古希腊陶器进行断代区分，使用的也是这个方法。还有许多其他文物也能用类似的方法，比如雕像、金属器物等。"

"也就是说，并不是所有的文物都适用这种方法？"

"是的，并非全都适用。因为有些实用物品一直都是标准样式，它们的形状并不会随着时间的推移而发生改变。陶器是最常见的、在不同时期的形状有着巨大差异的文物，所以将之作为参照物非常便利。"

"那绝对纪年法是如何纪年的？"

"关于绝对纪年法，你还记不记得我们之前说过考古学与其他实证科学的联系非常紧密？嗯，考古学一直以来对它们的诉求之一就是，利用它们帮助自己进行断代纪年。当然啦,所有的方法都有其自身的局限性。我给你讲几个最基本的方法,这样你比较好理解。对于有机物的断代纪年方法是放射性碳定年法。我们知道所有的生物都含有碳-14,它从生物死亡的那一刻起便开始发生衰变。放射性碳的半衰期大约是5730年,因此,我们能够判断出某种生物大概是在什么时候死掉的。"

"哈!听起来很简单也很容易嘛。"

"说啥呢,想得美!这一点儿也不简单。首先,放射性碳必须在有机物的有效样品中进行测定,有效样品就是没有被其他有机物——不论是现代的还是古代的——'污染'过的样品。也就是说,你必须在发掘中能够有幸发现有机物,而且数量不能太少,还必须不曾和其他时代的其他物品混在一起,取出后要与现代环境隔离开来,直接送到实验室进行测试。鉴于那些古迹很少有没被侵扰过的土层,保存下来的有机物也是很稀有而且数量非常稀少的。因为像木头、肉类、皮类等这些有机物,除非是处在非常特殊的条件下,否则它们有一个很'不好的习性',就是会腐化分解。现在你能理解实际操作有多难了吧。此外,放射性碳并不能测出具体的年份。哪儿有这么好的事呢?它只能提供一个大概的时间区间,就是从什么时候到什么时候,这个区间可能在50年至100年或200年之间波动。这个对于史前时代还好说,因为公元前5330年和公元前5270年对你来说区别不大,但是在信史时代[①],100年和200年都是很大的时间跨度。因此,我们得出的结论是,放射性碳测定法好

[①] 目前,多数学者认为古希腊的信史时代从第一届古代奥林匹克运动会(公元前776年)开始算起,但也有人提出古希腊的信史时代可推至公元前2000年以前。——编者注

是好，但它只有在能够被检测，并且得出的值域较小的时候才能使用，而且主要用于史前考古。即便如此，它也能为考古断代纪年提供线索。"

"还有其他的断代纪年方法吗？"

"另外一个广泛应用的纪年方法是树木年轮断代法。你还记得我们学过切开的树干上的每一个圈对应的是一年吧？当你在考古发掘中发现了一段树干，你可以研究它上面的年轮并将它与其他树木的年轮进行对比，由此得出它所属的年代。是的，经过了这么多年的研究，我们已经掌握了整个地中海乃至欧洲的不同树木的足够多的数据，这些数据可以从现在上溯到几千年以前。当然了，想要采用树木年轮断代法来给一处古迹和它的文物进行断代，你必须有足够的运气来发现保存完好的树干，这样它上面才会有存留下来的清晰的年轮。这种文物在希腊很罕见，正如我们前面说过的，树木是有机物，它会腐朽。总的来说，如你所见，绝对纪年是一件很困难的事。正因为如此，考古学家们主要依赖的还是相对纪年。"

"我明白了。所以当你对我讲的时候，你用的表述是'黑暗时代'，而不是'公元前 1050 年'。"

"正是如此。"

"好嘞，那咱们继续往下说吧。由于某些原因导致迈锡尼文明崩溃了，在那之后又发生了什么？"

第五章

是什么缺失了？
是哪里出了错？
我的心在哭泣

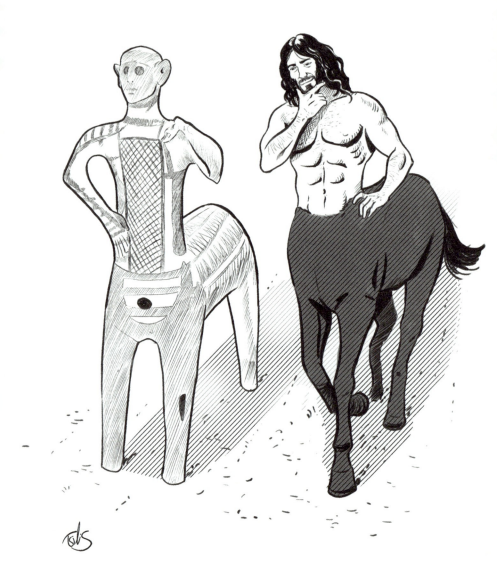

黑暗时代

"迈锡尼文明崩溃后,可怕的混乱持续了很久吗?那些宫殿、城墙、财富,全都没有了吗?"

"世界肯定变得不一样了。当然,人们还保留着一些他们已有的文明元素。但是住宅的数量急剧减少,而且看起来很多人都迁徙到别处了。"

"他们去了哪儿?"

"去了爱琴海北部、小亚细亚沿岸、塞浦路斯,甚至去了腓尼基沿岸和巴勒斯坦沿岸。希腊大陆的人们回归到了一种没那么复杂、精致的生活,青铜时代的那些成就也消亡了。他们不再用我们之前看到的王室文字进行书写，不再用巨石建造敦实的大楼和城墙。就算是有人想造，也无法再调动如此众多的劳动力来建造如此宏伟的建筑了。而且说到底，为什么要建呢？一切都已经崩溃了啊！人们各自为政。不过，当时铁器已经开始盛行了，因此我们说人类进入了铁器时代。那么，在这一片混乱之中我们要基于什么来捋清条理呢？答案是陶器。在迈锡尼时期后，出现了一种新的花纹，一种带着几何图案纹样的新的陶器风格，我们称这个时期为'原始几何时期'，因为它比几何时期要早，后者大约要过一个半世纪之后才出现。"

"嘿！你之前跟我说的是从迈锡尼时期进入了黑暗时代啊。"

"是一样的，黑暗时代，或者黑暗世纪，也称为'原始几何时期'。"

"你们这个学科对于起好听的名字这种事真是情有独钟啊！"

"唉，我能说你说得很有道理嘛！就是这样的！原始几何时期的陶器在装饰方式上还存留着一些迈锡尼时期的痕迹，但是已经看不到迈锡尼王宫里的陶器那种巧夺天工的艺术创造力了。这个时期的陶器装饰匮乏，仅用少量的几何图案进行简单的装饰，陶器表面的其他地方都被涂成了黑色。"

"话虽如此，我还是不能理解你们为什么管这个时期叫'黑暗时代'。"

"因为那会儿我们对迈锡尼文明没落之后的那个时期了解得不多，就这样，由于那时候我们两眼一抹黑，所以就把那个时期叫作'希腊中世纪'或者'黑暗时代'。不过幸好我们现在了解得已经足够多了。以前,我们以为在迈锡尼文明结束后的几个世纪里,人们都生活在黑暗之中,但是现在我们知道,他们的生活质量恢复得比我们想象的更快一些。当然,各种变化和冲击是巨大的,迈锡尼时期的希腊大陆上的一切都已成为过去。当整个社会体系都崩溃了——而且不仅仅是古希腊的社会体系崩溃了,当时世界上大部分发达地区的社会体系都崩溃了——人们就会想方设法自救。"

"啊,就像电影《僵尸启示录》(*Zombie Apocalypse*)里演的一样!幸存者们聚集在营地里一起抵御袭击。"

"差不多是这样,很接近了。当然了,那会儿没有僵尸。由于已经没有了之前的中央王权来控制形势,希腊大陆上自然而然地分裂出了不同的族群,他们都在努力设法生存下去。另外,强大的国王、元帅以及管理体系中处于其他职位的人员也已经不存在了。很可能唯一仍然留在位置上的就是那个被叫作'巴赛勒斯'的低级官员,而'巴赛勒斯'最终也演变成了其他含义。"

"哦,所以之后的'巴赛勒斯'指的是高等贵族。"

"在当时四分五裂的情况下,人们喊着'自救者得救'的口号,为生存而努力奋斗。各个地方采用的方式各有不同。比如在克里特,我们发现那个时期的住宅区与之前那个时期的那些大城市中心的住宅区有很大的区别。此时的住宅区是建在高地上的一个个小村庄,这样便于御敌和躲藏。希腊大陆上的人口开始流动,发生了第一次大型的人口外迁,这个时期是第一次古希腊殖民运动时期。古希腊的各个不同部族开始往来于希腊本土、各个岛屿以及对岸的小亚细亚,入驻了他们原本早就该入驻的家园。"

"那不同的古希腊部族都有哪些?"

"当时的古希腊部族数量众多。最大的两个部族是多利安人和爱奥尼亚(Ιόνιο)人。多利安人主要聚集在伯罗奔尼撒半岛、爱琴海南部的各个岛屿、克里特岛以及小亚细亚南岸。爱奥尼亚人则聚集在爱琴海中部、阿提卡以及小亚细亚中部海岸。伊奥利亚人也是一个比较大的部族,分布在小亚细亚北岸。除此之外,还有其他的小部族分布在希腊各地。"

"这种混乱的局面持续了很长时间吗?"

"复苏很快就开始了。这个时期最令人印象深刻的例子是,位于埃维亚岛(Εύβοια)莱夫坎迪(Λευκαντί)的一处考古发现向我们证明了考古总能给我们带来惊喜。在那里我们发现了一处很大的贵族房产,接近500平方米,狭长的格局,有很多房间,可能还有二楼。令人惊叹的是,在这处房产的中央发现了居住在这里的贵族的墓穴,里面是一男一女。"

"他们是什么人?统治者?国王和王后?"

"很有可能是一对贵族夫妇,你说得很对!他们被葬在那里,一起下葬的还有马匹,以及其他很多陪葬物。"

"什么是陪葬物?"

"陪葬物是指一同下葬的物品,是给逝者的礼物和供品。里面的很多陪葬物都不是古希腊的,而是进口的外国物品。因此,尽管我们之前觉得那个时期是一个黑暗、不幸、野蛮的时期,但是那时也有豪宅——尽管不多,但这些豪宅也有着相当程度的华丽。虽然不像加利福尼亚马里布的别墅一样建在星光闪耀的好莱坞旁边,但是莱夫坎迪也是一个很不错的地方。"

"说得对。那里靠近海边,而且有非常棒的海滩,所以好莱坞有什么可骄傲的!"

"而且莱夫坎迪还给我们留下了其他的惊喜,因为它显示的一些民间传统可能从那个时候起就已经开始萌生了,这些民间传统后来演化出了神话。在一个小女孩的墓穴中我们发现了一个半人马的陶塑,这是迄今为止发现的最古老的半人马塑像。但重点不是这个,而是这个半人马塑像让人想到了关于喀戎的神话传说。喀戎是唯一与众不同的半人马,他学识渊博,为人和善,向很多古代的英雄传授了医学知识。"

"为什么他是唯一与众不同的?"

"因为其他的半人马都是动物,充满了野蛮和兽性。而喀戎是半人马中的异类,他有智慧,有学识,是个如假包换的绅士——带蹄子的绅士。"

"'带蹄子的绅士'听起来像一部浪漫喜剧的片名。那我们怎么知道墓中的这个半人马塑像就是喀戎呢?"

"传说喀戎被赫拉克勒斯误伤了一条腿,而在小姑娘墓穴中发现的这个塑像的腿上就有一处'伤痕'!不过还有更有趣的事。"

"没完没了了……"

"墓穴中的这个半人马塑像是残缺的,它缺了一部分,而它缺少的那部分在隔壁的墓穴中被找到了。"

"哎哟,我都不知道还有这样的古迹。你们都不说的吗?不让我们知道吗?"

"你可别胡说,我们可没有隐瞒任何事情,都是有什么说什么的,任何想知道的人都能知道的。"

"你的意思是那么多年以前的埃维亚岛就已经有那样的发展了?"

"别傻了。莱夫坎迪的考古发现并不能说明公元前 1000 年的希腊到处都有像德妮·马科拉①(Ντένη Μαρκορά)那样如天生贵妇一般戴着昂贵的进口饰品并居住在豪宅中的人。而且,当时莱夫坎迪的大房子也是由木头和土坯建成的,屋顶是用茅草盖的。与其说是豪宅,不如说更像大马棚。不过,考古发现当时的人是知道如何进行远途旅行的,而且与外界的联系也从未中断过,尽管当时的希腊大陆在东方文明面前已经沦为乡下地方了。"

"那当时的人是如何生活的呢?"

"大部分的平民住宅跟我们今天的牧羊人住的木头小屋没什么区别。当然了,这是对那些出产木材的地方而言的,对于海岛上那种不出产木材的地方,他们是用石头垒房子的。那些小房子

---

① 希腊爱情喜剧《两个陌生人》(Δύο Ξένοι)中女主角的名字。——译者注

在狭窄的走道中，一座挨着一座，将所有人都容纳在城墙内，以保护他们免受外敌侵扰。贵族的房子只是更大一点儿而已，大贵族也是如此。人们会在村子的某个角落留出一块空地，要么作为全村的活动场地，要么用于供奉某位神祇。因为最初对神灵的崇拜就是在农村中专门用于拜神的地方进行的，人们将这样的地方与人使用的地方划分开来，作为圣地献给神灵。"

"就是你之前提到的在迈锡尼时期也有的圣地！那他们还是继续崇拜奥林匹斯山的十二主神吗？你之前说过十二主神在迈锡尼时期就已经出现了！"

"对极了！当时已经开始形成后世对奥林匹斯山众神的那种崇拜形式！在黑暗时代，原始几何时期，很可能所有对神的崇拜都源于自然，整个自然都是神圣的，可以说人类周围的神迹无处不在，比如天空、大地、大海、树木。只要某棵树长得有点儿像人的形状，或者哪怕长得不像，但是对人类有贡献就行，比如提供树荫、食物；而且你看它凋零的样子分明就像要死去一样，可是来年又能重生……这难道不是神迹吗？你在想象中塑造了神的样子，并凭借自己的双手用金属或者木头将之歪歪扭扭地打造出来——通常是用木头，因为有的木头本身看起来就更像人的身躯。你将神像竖在用于崇拜神圣力量的处所中央，也许这些神圣力量会怜悯你，让你平安度过下一个寒冬，或者下一场敌袭，或者当你有一天病入膏肓、药石罔效的时候，这个神圣力量能保佑你……由于生存环境恶劣，所以造就这种生存环境的神祇一定也是严厉的，所以你想要讨好他们，让他们站在你这一边。你会好好地保护神像，在它头顶和周围加盖一些东西，以免它受到风吹雨淋、冰雹侵袭。比如说，给神像建造个小屋，像房子一样，作为神的居所。如是种种，人们开始建造庙宇，将很多早期的雏形'神像'奉为神灵供入庙中，并供奉了很多个世纪。但是，正如我们前面所说的，人类历史中没有任何事物是永恒不变的，因此，黑暗时代的阴霾被吹散也只是时间的问题。"

"我又有一个问题。"

"说来听听。"

"那是我以前就有的疑问。"

"嗯，说吧。"

"这个疑问和你说的那些没有直接关联……"

"别吊我胃口了！快点儿说。"

"你跟我说到了莱夫坎迪，再之前说到了各个文明的没落，间或还说到了克里特的人祭，在此期间你常常说某些人有不同的看法，为什么你们考古学界有这么多的分歧？"

问 答

为什么考古学界存在诸多分歧?

"理应如此,否则就不是科学了。科学是全世界的。人类对于开车是靠左还是靠右都无法统一意见,又怎么可能在科学问题上统一意见呢?"

"啊,也是。可是科学家不是有学识的文明人吗,他们也没法统一意见?"

"分歧是这门学科的本质,将它与毫无结果的崇古主义区分开来,这也是用来证实调查研究结果的方法,这样我们才能知道结果是否成立。"

"我不明白你指的是什么。"

"理论科学中的分歧,也叫作'试金石',它是这么运作的:一个研究者提出了某项发现、想法或研究假设,学界的其他人就会应邀对其进行审核。进行这一步的前提是这个想法作为一项研究连同它的整个论证以及组成框架的科学数据被发表出来。这个程序是非常必要的,必须引起争论,我们才能检验一切。事实上,分歧正如一种药品流通之前的实验测试。而由于几乎没有什么事能够取得所有人的一致同意,所以一项研究也无法做到被整个科学界接受,我们会留取科学界大部分人都认同的那个部分。永远都会有人持不同的意见,哪怕是在最基础的科学问题上。"

"考古学界最大的分歧是什么?"

"这个无法进行比较。在希腊考古中有一个著名的分歧是关于圣托里尼火山爆发的时间,人们曾经估算的爆发时间是在公元前 1450 年左右,但最终很可能爆发的时间要比这个时间早大约两个世纪,也许是在公元前 1628 年,也许是公元前 1642 年,也许是在公元前 1642 年至公元前 1616 年之间,也许是在公元前 1664 年至公元前 1651 年之间。你知道我想表达的是什么吧?此外,关于韦尔吉纳二号墓墓主的身份也争论了很多年,大部分考古学家都认为这座墓的墓主是马其顿的腓力二世(Φίλιππος Β'),也就是亚历山大大帝的父亲,但也有相当一部分人对此表示异议,认为墓主是亚历山大大帝同父异母的兄弟阿里达乌斯(Αρριδαίος),阿里达乌斯后来也被正式称为'腓力三世'。"

"他们没有在墓上写明'此处葬着某某某'吗?"

"墓上没有任何刻有名字的铭文,这确实给考古带来了很多困难。当然了,在迄今为止发现的大约 130 座古代马其顿的国王和君主的墓穴中,只有 2 座带有刻着墓主名字的铭文。然而,就算韦尔吉纳二号墓上面有名字,很可能也只会是'腓力'。这个叫'腓力',那个也叫

'腓力'，照样没什么用。"

"行吧，这些都是复杂的问题。我想你们对于那些小事应该不会有分歧吧？争执细节有什么意义呢？"

"我们虽然不是对所有的事情都有分歧，但是在任何一件事情上产生分歧都是有可能的。咱们再看看另外一个不那么著名的例子：伊庇鲁斯（Ήπειρος）的阿刻戎[①]神谕圣所－招魂所（Νεκρομαντείο του Αχέροντα）。来到这个圣所的信徒并不像多多纳（Δωδώνη）宙斯神谕所的信徒或者德尔斐（Δελφοί）阿波罗神谕所的信徒那样从神灵处获得神谕，而是从冥界的亡灵处获取。也就是说，这是非常可怕的事情，跨越生与死之间的障碍并不是一件简单的事。目前遗存下来的神谕圣所看起来像一座坚固的塔。在发掘之后，人们发现里面有一些房间，应该是那些向冥界的亡灵索取信息的朝圣者的宿舍。在这边房间里还发现了一些大罐子，罐子里有食物残余，有粮食和豆类，比如通常被认为会致幻的蚕豆，因为信徒们必须要斋戒并食用特殊的食物，药效才能发作。圣所里有一条弯弯曲曲的走道，两边有各种不同的门，像个小迷宫一样，走道一直延伸到地上的一个洞里。这个洞通向一个有拱形屋顶的密室，密室里阴暗潮湿又恐怖。信徒们在经过了斋戒，吃了奇奇怪怪的食物，又走了一段七拐八弯的路之后，到这里已经晕晕乎乎了。所以，在这里他们仿佛看到了移动的亡灵们在对他们说话。令人惊叹的是，在发掘中还发现了齿轮和升降机部件，这些被解读为

[①] 阿刻戎河位于希腊西北部的伊庇鲁斯地区，在希腊神话中也指亡灵前往冥界的必经之路——"痛苦之河"，即黑河。——编者注。

圣所的工作人员所使用的机器的残件，这些机器用于吊着玩偶在那些头晕目眩的'客户'眼前晃荡，以制造亡灵出现的假象。被药物迷晕的可怜信徒们由于吃了那些特殊美食（当然不是米其林星级美食），胃里翻江倒海。他们已经被之前的经历折磨得神经衰弱，所以把那些在他们眼前晃荡的影像看成了冥界的亡灵。"

"那反对意见是什么呢？"

"反对意见的说法是所有的这些都是对文物的错误解读。神谕圣所的整栋建筑是像堡垒一样用高大的外墙垒起来的。在里面发掘到的陶器等文物表明它最后被使用的时期正是在罗马占领伊庇鲁斯之前。我们都知道，伊庇鲁斯是被罗马人血腥占领的，70座城市家园被毁，15万人沦为奴隶。"

"也就是说，这栋建筑不是神谕圣所，而是堡垒？"

"他们的观点是，这是那个时期那些最后幸存的堡垒中的一座，是伊庇鲁斯人用于抵御罗马的扫荡。存有食物的大罐很容易解释，那是被困人员要用来食用的。而齿轮之类的金属部件可以解释为被围困的人们使用的防御机器、投石器和其他机器的部件。至于那个密室，也许它只是一个地窖而已。"

"那最终哪个是对的？"

"所有这一切听起来都是合理的，但是解释不了为什么在这栋建筑的内部要有一条七弯八绕的走道——咱就是说，都已经被包围了，你还要在迷宫里钻来钻去？到底是有多喜欢受虐？这种观点也没能解释为什么这个'地窖'要建得这么用心，还建了拱形屋顶。当然了，对这里内部空间的长期研究表明这里的地下空间——不论是作为'冥界'还是地窖——是消音的。"

"是什么？"

"也就是说，它建成这样，不会产生回声，能够保持绝对安静。"

"那些齿轮就没有可能是投石器上面的吗？"

"当然有可能。但是神谕圣所－招魂所这栋建筑有可能用于抵御袭击这一点并不意味着在此之前它不是做圣所用的！"

"那你们的最终结论是什么？"

"新的研究表明，支持这个考古遗址确实是神谕圣所的论据超过了支持另一个观点的论据。这个小例子向我们说明了什么？说明需要有人来引发对于文物解读的争论，才能推动更多的研究。这些研究要么证明新的解读才是正确的，要么为最初的解读提供了更有力的支撑论据。因此，考古学有分歧是一件好事。"

"嗯，这些听起来确实不错，可是，我们什么时候才能讲到古希腊呢？你已经跟我讲史前讲了这么久了。"

"现在就要讲到了。"

第六章

附近有一棵柠檬树正在开花

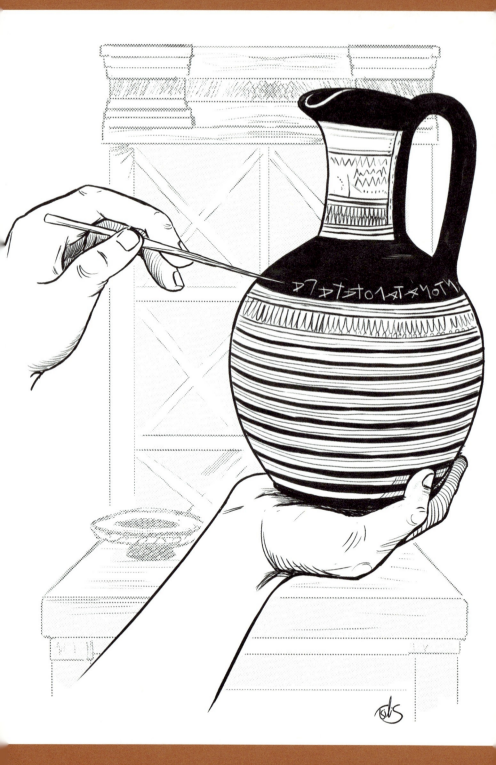

几何时期

"我们进入了几何时期,开启了创造古典时代文化奇迹的进程。希腊大地从黑暗中解放出来后,发生了翻天覆地的变化。"

"这个时期的名字叫'几何时期',听起来有点儿奇怪,为什么叫'几何时期'?"

"还是因为陶器。你知道那个时期的陶瓶表面有什么吗?上面刻满了几何图案,到处都是!在此之前,那个时期的陶瓶表面都有着大面积的留白,而现在陶瓶上面的装饰图案不仅变大了,而且布满了瓶身。"

"除了陶器,还有其他什么跟以前不一样吗?"

"很多都不一样了。希腊几何时期的小型政治实体后来发展成了城邦；经济发生了变革，贸易也越来越发达；陶器生产技术得到了提升，铁得到了广泛使用。在这个时期，各行各业的技术都开始重新发展。"

"稍等一下，在讲之前那个时期的时候，你总跟我提到埃维亚岛，在这个时期那里仍旧是中心吗？"

"在古代早期和我们现在所说的几何时期，并不存在某一个具体的中心。不过事实上，那个时候的雅典已经开始引领潮流。这一点我们主要是从当时的艺术创作——具体来说是陶器艺术——得知的。雅典在陶器艺术风格方面是领航者，其他地方的陶器艺术要么是复刻了它的，要么是受到了它的启发。"

"也就是说，当时希腊各地有着各种不同的陶器风格？"

"一些其他的城市创造并保留了他们自己的风格，但是雅典陶器对古希腊其他地方的影响是巨大的。他们甚至造出了跟人一样高的巨大陶瓶，并将之放置在坟墓上作为标志。这些陶瓶从上到下布满了对称且精确的几何纹饰，没有一处是不含纹饰的。因此，我们常说当时的艺术家们都有'空白恐惧症'：那个时期的艺术家们肯定有什么毛病，所以才把整个陶瓶都画满了，不留余地。"

"就只有几何图案吗？没有什么小人儿图案、小东西图案之类的？"

"慢慢地，他们也开始设计一些早期的场景，有人，也有动物。当然了，主要是葬礼。"

"为什么是葬礼？"

他朝自己胸口吐了吐口水①。

"你想想,大部分的陶瓶之所以能够保留下来,恰恰是因为它们跟葬礼有关。那些非常大的陶瓶被造出来是作为纪念瓶放在坟墓上的,而那些小陶瓶则是作为供品放进墓穴里的。正是因为它们以这种方式被完整地保存下来,我们才能对这些陶瓶进行更好的研究。我们开始区分这些陶瓶究竟出自多少名艺术家之手,并对这些艺术家进行命名,比如'迪普利翁(Δίπυλον)的画师''赫希菲尔德(Hirschfeld)的画师',诸如此类。"

"你又在跟我讲陶器。"

"因为陶器是我们现有的来自那个时期的最重要的遗留物啊!"

"话虽如此,但我还是有一些根本的疑问,比如:当时的希腊是如何发展并进入你之前所说的古典希腊时期的?当时是从哪里开始发展的?"

"在那些地方,居民往往热衷于远行和贸易,比如埃维亚岛、克里特岛和东爱琴海诸岛。又比如哈尔基斯(Χαλκίδα)和埃雷特里亚(Ερέτρια),这两个临近城市互为竞争对手,而竞争又推动了它们的发展。难道傻傻地坐着,尤里普斯海峡(Εύριπος)的水就会改变流向吗?如果这么想的话,那你一定是脑子进水了。去远航当然需要登上船只。最终,某一个聪明的旅行者越过发达的东方,将目光投向腓尼基各处,发现那里的人们正在使用另一

---

① 希腊的一种民间习俗,和我国民间摸桃木或雷击木以求避邪祛祟的做法类似,希腊人朝胸口吐口水表示"远离厄运"。——译者注

种文字,这种文字只包含了少量的符号。他引入了这种文字,并在此基础上添加了元音,改变了一些语音,以便更贴合希腊语,由此便创造出了世界上第一种让每个字母都能发出一个音节的文字。在古希腊人已经将文字——那种难以使用且受众极少的文字——遗忘了几个世纪之后,他们终于有了一种即将改变他们文明的工具。"

"谈不上工具吧,他们不过是造了一个字母表。"

"那你就错了,这项发明的震撼之处恰恰在于它的简洁性。只有一串字母符号,每个符号有一个相应的发音,这样一来,一个人只需要学会这少数的几个符号就能够记录自己的想法和声音。这项发明的延伸之广和影响之大超出了任何人的想象,它一步步打开了通往古希腊文明奇迹的道路。任何一种信息都能因此被更多的人接收到。这种简洁之中蕴含着一片沃土,孕育出希望的种子,使人类有能力掌握自己的命运,同时促进了思想的传播、哲学和科学的创造,以及民主的诞生。"

"之前我们讲到线形文字 B 的时候,你跟我说那种文字只用于王宫的会计记账。那这种新文字有其他不同的用途吗?"

"完全不同。希腊文字有一个常被忽略的美好特性:大部分存留下来的古代希腊语文本都是有韵律的,也就是说,都是诗文。"

"他们还写诗?你是在跟我开玩笑吧!"

"事实就是如此。从有希腊文字开始,就有诗歌问世了。艺术,我们又看到了艺术。从人类能记录下来自己的想法和话语,并且这些想法和话语可以在很久之后的遥远的某处被另一个人读懂开始,整个世界都变了。口头传播的话语变成了书面传播的文字,能够被保存下来。不过鲜为人知的是,希腊字母表最开始被拆分成了很多地方当地的字母表,各地的字母表之间有许多不同。最高雅的事情是在希腊字母表被发明出来并得到广泛传播之后,诞生了世界文学作品中最畅销的两本书——《伊利亚特》(Ιλιάδα)和《奥德赛》(Οδύσεια)。"

"你是说这两本书是那个时候写的?"

"我们不知道是不是真的在那时成书的,但确实是在那个时候创作出来的!史诗的传播方式就是由专业的游吟歌者唱遍整个希腊。这两部作品已经为人类想象力提供了大约3000年的养分,在地球上的每个角落都深为人知,它们对艺术家们的启迪无可比拟。《荷马史诗》(Ομηρικά Έπη)甫一问世就闻名遐迩,它们描述的场景直到今天依旧令人震撼不已。"

"嗯,懂了。"

"嘿,里面真的有非常顶级的场景设置!你想先听哪一段?《伊利亚特》中阿喀琉斯(Αχιλλέας)为他的好友帕特洛克罗斯(Πάτροκλος)复仇的那段如何?阿喀琉斯因为好友的死悲痛欲绝,他向赫菲斯托斯(Ήφαιστος)求得铠甲之后又返回来复仇[1],在复仇中他斩杀了无数特洛伊人,鲜血染红了斯卡曼德洛斯河

---

[1] 另一种说法是其母忒提斯为阿喀琉斯求得的铠甲。——编者注

（Σκάμανδρος），连河神都看不下去了，亲自出来和这位史诗英雄战斗。"

"荷马在那个时候就那么出名吗？还是我们后来才发现他并开始崇拜他的？"

"荷马在受欢迎方面向来屹立不倒，他是绝对的'畅销书作者'！荷马并不是文学家，而是民间传统诗人，正是民间传统艺术催生了他的史诗。哪怕是我们从不识字的祖母们都知道奥德修斯和阿喀琉斯。荷马诞生于民间传统艺术，也长留于民间传统艺术。"

"古希腊民间艺术？"

"对，但是是史诗维度的艺术。你能想象他的史诗有多么吸引人吗？荷马饱含叙事技巧的成熟剧本让我们至今仍为之沉迷。瞧瞧《奥德赛》的结构：从接近结局的地方开始讲述，奥德修斯这个心怀大志、四处漂泊的典型人物，在经历了所有的冒险之后，此刻被遗留在卡吕普索（Καλυψώ）的岛上，躲避着海神波塞冬的追杀。与此同时，书里也向我们展示了伊萨卡岛（Ιθάκη）上的情况：奥德修斯的王国风雨飘摇，他的妻子顶着追求者们的压力，与儿子一道苦苦支撑着等待他的归来。这个故事一开场就向你展现了如此艰难的处境，让你不禁想知道他是如何走到了此种境地，此刻他又该如何摆脱困境！趁着波塞冬不在的时候，众神决定介入，让奥德修斯回家。于是奥德修斯制订了一个归家的计划，可是他能赶得及吗？"

"情节这么跌宕起伏的吗？"

"波塞冬回来之后掀起了大风暴，这里有我最爱的场景之一：

小女神琉科泰娅（Λευκοθέα）展开了她的头巾作为奥德修斯的救生衣，在狂风巨浪中努力保住他的性命，直到雅典娜介入。在最后一刻，奥德修斯作为海难幸存者被费阿刻斯人（Φαίακες）救到他们的岛上。这还远远没完，这场'电影'到目前为止只进行了一半！奥德修斯必须向费阿刻斯人解释他都经历了什么并说服他们帮助自己。此处开始进入回忆的场景，回忆里充满了各种经历和挣扎：有独眼巨人波吕斐摩斯（Κύκλωπας Πολύφημος），有金眸女巫喀耳刻（Κίρκη），有海怪斯库拉（Σκύλλα）和卡律布狄斯（Χάρυβδη），有巨食人族拉斯忒吕戈涅斯（Λαιστρυγόνες），有食莲族人①（Λωτοφάγοι），还有冥界之行！在听完这一系列如过山车般曲折离奇的冒险经历之后，费阿刻斯人帮助奥德修斯回到了伊萨卡。事情到这里就结束了吗？当然没有！就像一个在电影即将结束之时设置'终极情节'的编剧一样，荷马又设置了种种困难让主人公去克服，奥德修斯必须想办法重新夺回王位。他必须伪装成乞丐，凭借自己的聪明才智战胜那些强大的敌人。在所有这一切都结束之后，奥德修斯和读者才终于收获了一个美好的结局。要知道这可不是现代剧本，而是史上最古老的冒险和幻想剧本。"

"《荷马史诗》实质上是对那个时代的真实反映吗？里面所写的特洛伊、迈锡尼以及所有的那些大英雄都是真的吗？"

---

① 也称为"吃忘忧果的人"。——编者注

"不，完全不是！如果我们把《荷马史诗》当作史实那就大错特错了。《荷马史诗》是结合迈锡尼时期残留的部分元素和几何时期的多种元素创作出来的。如果我们对它所讲的每一个字都深信不疑那就太天真了。而且别忘了，它可是虚构的诗篇，是想象力的产物，并不是真的历史。"

"可无论是特洛伊还是迈锡尼，抑或是那些英雄们的宫殿，不都已经被发掘出来了吗？"

"发掘到的那些古迹有可能确实是叫这些名字，并且成功地为人们的想象力提供了诸多素材以创作神话故事。但神话故事本身并不能自证，也不能证明——比如说——那座所谓的'阿伽门农墓'真的就是他的。"

"你知道吗？你这么说让我想起我上学时语文老师说过，也许荷马并不存在，《荷马史诗》是由不同的诗人创作出来、后来才合并到一起的。这事儿你怎么看？"

"是的，这个就是'荷马问题'：《荷马史诗》究竟是很多人创作的，还是一个人创作的？如果是一个人创作的，这个人是不是荷马，他又是在什么时候创作的？诸如此类。不过即便忽略那些对《伊利亚特》和《奥德赛》的细节研究所产生的胡说八道，以及学界那些令人难以置信的冲突、分歧、争议，《荷马史诗》也仍是传播文化和知识的奠基石，是古典教育的根基。"

"想不到希腊文字一经创造就被用来做了这么重要的事。"

"行了，我要泼一泼冷水了。你别以为所有的铭文，尤其是古代的铭文，上面刻的都是价值连城的诗句。古希腊人习惯写，更确切地说是刻——刻录各种超乎想象的事物，通常是刻在墓志铭上。"

"就像我们在东西上署名一样？比如刻下'此物品属于某某某'？"

"对。其中有一篇最古老最著名的希腊语铭文是刻在一个来自罗得岛（Ródos）的陶瓶上的，不过这个陶瓶是在意大利那不勒斯附近一个小岛上被发现的——古希腊人喜欢到处旅行，他们的物品也随之到处旅行。铭文上写着：'我是属于奈斯托拉斯（Νέστορας）的好用的杯子，用我来喝酒很快就能感受到美丽的阿佛洛狄忒的火辣。'"

"'美丽的阿佛洛狄忒的火辣'指的是什么？"

"你在问我阿佛洛狄忒吸引人的……'火辣'是什么？"

"哦哦哦。"

"对，就是你想的那种。"

"等一下！杯子会说话？"

"对喽！那时的人认为所有的物品都是有灵魂的，所以铭文会以物品的口吻写出来。还有另外一段保留下来的铭文，也是最古老的铭文之一，来自皮埃里亚（Πιερία）的迈索尼（Μεθώνη），不仅声明了杯子是谁的，还撂下了威胁的话。'谁要是偷了我的杯子，'铭文上写着，'他的眼珠子就会掉下来。'另一段来自马赛（Μασσαλία）的铭文上写着：'我属于阿瑞斯托纳（Αρίστωνας）。放下我！别碰我！对我死心吧！'"

"只写威胁的话吗?"

"当然不是!尽管可能是那个时期的各种变化让人们承受了巨大的精神动荡,所以那时的人都比较容易大惊小怪,但是人们对宴会的喜爱、对情趣和爱情的追求还是一如既往地盛行。因此也就有一些更加诗意和外向的铭文,比如出自雅典的一个酒壶上写着:所有舞者中跳得最'蓬勃出彩'的人将得到这个酒壶作为礼物!"

"怎样才是'蓬勃出彩'?"

"'蓬勃出彩'就是舞步青春洋溢、轻快欢乐。"

"那他们在什么场合跳舞?"

"这条铭文具体所指的跳舞场合可能是某个酒会。大约在古希腊历史上的这个阶段就已经开始有正式的酒会了。而且你看,他们还在宴会上举办竞赛作为娱乐项目,所以我们才能在这个作为奖品的酒壶上看到这句话。另外一条铭文则敦促我们要放轻松,上面写着'大口喝酒,解除饥渴,长命百岁'。还有一条是一个恋爱中的男子写的,上面写着'莫亚斯将我作为礼物送给艾芙哈莉,她想喝多少就喝多少'。"

"哇哦!看起来古希腊几何时期的人们过得很轻松嘛。对了,几何时期是属于史前时代还是信史时代?"

"古希腊在几何时期进入了信史时代,正式的分界点是公元前776年。"

"唉,你们就不能取个整数吗?那一年有什么大事发生?"

"是的。那一年古奥林匹亚（Αρχαία Ολυμπία）举办了第一届奥林匹克运动会！最早的那些希腊神庙在几何时期得以建造并发展起来，比如提洛的阿波罗神庙，厄琉息斯（Ελευσίνα）的德墨忒尔神庙，奥林匹亚的宙斯神庙，还有最早的神谕所，包括多多纳的宙斯神谕所和德尔斐的阿波罗神谕所。正如我刚才所说的，奥林匹克运动会也举办起来了，最开始规模不大，但是很快就发展成了古代人民的头等盛事。"

"说起来，我好像在哪里看到过古希腊的观众会向赢得比赛的人抛衣服，这是真的吗？"

"好吧，那咱们就趁此机会来厘清一些事。"

问 答

那些最"糟糕"的问题——古希腊人是否会这么做、那么做,或者他们会怎么做?

"古希腊人吃什么?古希腊人如何生活?古希腊人是否相信这个、那个,或者是否会做这个、那个?每一个考古学家,在任何一场与考古相关的讨论中,都会碰到很多人来问上述问题。不幸的是,这些问题都犯了一个巨大的错误:提问的人并不知道他们所说的'古希腊'究竟是指什么。大部分时候,他们很可能指的是'古雅典'——之所以会这样,是因为古雅典是古希腊文明的巅峰,并且存留下来的绝大多数文字资料都集中在那一时期。然而,古代指的并不是某一个时刻,也不是静止不变的。相反,它在文化、社会、地理等各方面都是不断变化的。因此,任何一个探求'古希腊人会做什么'的问题本身就有问题。什么叫'古希腊'?指的是哪个'古希腊'?"

"有很多个'古希腊'吗?"

"当你说'古希腊'的时候,你指的是公元前 10 世纪重新开始与东方开展贸易并带来新思潮的埃维亚岛?还是公元前 9 世纪贵族们纵马驰骋的阿尔戈斯(Άργος)?还是公元前 8 世纪建立了军事专制制度并拥有双国王这种奇怪风俗的斯巴达(是的,那时候斯巴达有两位国王,权力平等,每当有战争的时候,其中一位会作为军事首领出战,另一位则坐镇城内以防群龙无首)?还是公元前 7 世纪拥有富饶港口并以其金碧辉煌的赫拉神庙吸引了无数朝圣者的萨摩斯岛(Σάμος)?还是公元前 6 世纪因社会动荡不安最终促使克里斯提尼(Κλεισθένης)建立了民主制度这个奇迹的雅典?还是公元前 5 世纪时期半农耕半游牧的马其顿[游牧者们在山间漫游,而阿吉德王朝(Δυναστεία των Αργεαδών)的历任国王则在为控制当地那些更小的王国以及搭建与希腊南部联系的桥梁而不懈努力着]?还是公元前 4 世纪拥有着富饶港口、聚集了当时最伟大的画家和雕刻家的文化中心罗得岛?"

"我明白你的意思了。"

"上述这些时间地点之间有着巨大的不同,不论是在文化方面,还是在政治和社会方面。古希腊并不是静止不变的。因此,显然你所听到的很多事情都发生在古希腊,有些事情是发生在史前并延续到整个古代……"

"比如?举个例子。"

"比如对众神的崇拜。此外,也有一些事情是发生在古代并延续至今的,比如集体烤肉聚会——古代是在祭神之后进行的,现在则是在复活节的圣周日烤肉,还有以祖父的名字为孙子命名的习俗。也有一些事情只发生在特定的地方和时期……在你提问之前，我跟你说，斯巴达的女孩们会和男孩们一样在训练场中接受训练，古代马其顿在战前誓师大会中会将一条母狗撕成两半，让全军从两半中间穿过去。"

"也就是说，问这类问题毫无意义？"

"我不是这个意思！这些问题当然有意义，而且意义非凡！这些问题本身是合理的，而且很多时候比简单的时间顺序问题更重要。重点是我们不能将我们所知道的关于古代的信息套用到不同时期的不同地方。你不会说20世纪的希腊基本上都发电报，因为人们没有电话或者只能去报刊亭打电话，也不会说20世纪的希腊基本上都没有移动电话。并不是因为你说的事情没发生过，只不过并非整个20世纪都是如此。对应古代也是同样的道理。而关于观众向赢得比赛的人抛衣服的事……是的，这件事在古代的某个时期发生过。那时候人们习惯向运动员抛衣服作为礼物或表示钦佩，但这种习俗并没有持续很长时间。"

第七章

扬帆远航，
直面苦难

古风时期

"几何时期之后我们就进入了古典时期吗?终于要说到古典时期了吗?"

"还没!中间还有一个非常重要的时期——古风时期,在它之后才是古典时期。古风时期开辟了道路,做足了所有的准备,然后才迎来了辉煌荣耀的古典时期。所有引领古希腊创造古典时期奇迹的因素都是在古风时期确定下来的。"

"有意思,但是先跟我说说这一切都是发生在什么时候、持续了多长时间吧。"

"古风时期大约是从公元前700年至公元前500年,或者再缩小一下范围,是到公元前480年。那时爆发了希波战争,波斯帝国作为当时的帝国主义者想要称霸周边地区，但以失败告终。"

"古风时期都发生了什么重要的事？"

"东方对于古希腊人来说，总是具有深深的吸引力和影响力。他们造访了腓尼基人、亚述人、埃及人，以及其他当时已有着发达文明的居民，去到他们的港口和城市。他们乘着轻快的小船不辞辛劳地在地中海的风浪中穿梭，往返于各个外邦的港口进行商品买卖。他们造访了当地不同的庙宇，看到了当地人为他们的神祇树立的巨大塑像，看到了坚固的墙壁上的各种浮雕，看到了当地的各种编织品、针织品、餐具，不论是奢华的还是日用的，上面都装饰着各种各样精致的花纹和动物形状的图案——有现实中的也有神话中的，有狮子、豹子、鹿、鹰、狮身人面兽、狮鹫、公鸡、小羊——当然了，还有各种各样的人物图案，空白处则以花卉图案进行点缀装饰。"

"他们喜欢东方的商品和文化吗？"

"非常喜欢！去到那儿的古希腊人都羡慕极了。他们受到了启发，因此开始慢慢地在他们自己的物品上模仿刻画东方的那些图案和形状。古希腊的艺术品从布满几何图形开始变成了布满各种动物、鲜花、人物图案以及一切你能想到的东西。这个时期，古希腊世界充斥着各种外来的新潮流，我们称之为'东方化时期'。"

"等一下……你从几何时期讲到了古风时期，现在又讲到东方化时期？古风时期结束了？"

"东方化时期只是介于几何时期和古风时期之间的一个短暂

的艺术时期,也就是古风时期前的几十年而已。"

"各种各样的时期和时期前后的时期,你要累死我了!"

"可是东方化时期很重要啊!对于公元前7世纪的古希腊来说,这个时期就是进行各项准备并最终进入古风时期的起点。"

"好吧。除了艺术,还有其他的吗?古风时期人们的生活怎么样?"

"当时的希腊大陆已经分裂出了几百个城邦,这些城邦的最终形式已经开始逐渐形成。"

"哇哦!城邦的最终形式是什么样子的?"

"基本上就是一座城墙高筑的围城,里边有一些公用的基础设施,比如市场、庙宇、运动场等。城墙四周有耕地,用于种植粮食蔬果以供应给城内的人。"

"当时城邦的数量很多吗?"

"几百个。总之你要在脑中有一个概念:在古代,古希腊有着几百个不同的国家政体,其中大部分是城邦,主要位于希腊南部、各个岛屿以及小亚细亚沿岸,其余的就是存留下来的为数不多的王国,比如马其顿、伊庇鲁斯、色萨利,还有希腊西部山区一部分小团体。他们的生活方式更为乡村化,仅仅以民族聚居的方式聚集在一起,而没有形成城邦或王国。"

"可是希腊的面积就那么一点儿,要怎样才能容得下几百个城邦呢?而且这些城邦周围还要有足够的耕地让他们从事农业生产!"

"你这个发现非常正确！正是由于生活空间非常有限，很多城邦都没有足够的肥沃土地来供给所有人。而且由于人口不断地增长，人们的生活空间开始变得越来越拥挤。当人们挤在一起的时候，会发生什么事？"

"会发脾气、吵架。"

"正是如此！最根本的解决办法就是其中一部分人卷铺盖走人。因此，当时掀起了人们背井离乡、另觅居所的浪潮，这被称为'第二次希腊殖民运动'。"

"那第一次是什么时候？"

"在迈锡尼宫殿没落之后，咱们说过的呀！大约从公元前1100年至公元前1050年！"

"哦，行了，别上火！你也就只说了一次，别想着我能把所有的知识点都记住了。"

"你说得对。殖民是一件非常重要的事，因为它既不简单也不容易。人们必须寻找一处适宜生活的地方，这处地方须得让他们能够立足，而且还能以某种方式与新环境中的原住民共存。人们并不是每次都能找到这种地方，也并不是每次尝试都成功可行。"

"哦，那是有多困难呢？"

"咱们以圣托里尼岛，即古代锡拉岛（Θήρα）为例。那个时期，岛上居民众多，由于遭受了一场旱灾，居民之间开始相互冲突、争吵。人们争执的理由五花八门，可能由于政治原因，可能由于财产继承，也可能由于土地纠纷——想吵架的时候，就算是胡乱骂街也做得出来。一部分人因而离开，另寻居住地去了。他们找到了一处地方，但是没能驻扎下来。这些倒霉蛋又登船回到了他们原来的小岛，可是到达之后，发现留在岛上的那些居民并不欢迎他们，居民们觉得自己好不容易摆脱拥挤获得平静了，这些人又回来捣什么乱？因此居民们来到港口，开始朝他们丢石头进行驱赶。因此，这些饱经磨难、乘风破浪的青年再次离开，最终到达了非洲北部海岸，在那里建立了昔兰尼（Κυρήνη）。"

"他们在那里立足了？"

"不仅立足了，而且还把昔兰尼发展成了一个巨大、富裕的城市！这只是那个时代希腊各个不同地方的人向整个地中海迁徙的几十个同类案例中的一个。几十个城市，不论大小，都向四面八方派出了殖民队伍。有的派得少，有的派出了很多。有时候还会有两个或多个城市一起合作共同建立新的殖民地。"

"哦，他们还组成联盟？"

"是的。意大利南部最早的殖民地皮赛库斯（Πιθηκούσες）位于今天那不勒斯对面的一座小岛上，它的居民就来自埃雷特里亚和哈尔基斯。皮赛库斯对面的殖民地基米（Κύμη）也一样。"

"皮赛库斯？这都什么名字！岛上有猴子？[①]"

"也许有吧。但这个名字也可能来源于古希腊陶壶！那些陶

[①] "皮赛库斯"（Πιθηκούσες）这个单词的词根可能是"πιθήκι"（猴子），也可能是"πίθος"（希腊陶壶）。——译者注

罐子！锡巴里斯（Σύβαρη）也是由亚该亚（Αχαΐα）和特洛埃森（Τροιζήνα）两地的殖民者们建立的。那会儿有很多的联盟。所有这些迁徙的人远离故土颠沛流离，历经了无数风浪险阻才终于在新的家乡生存下来，因此他们之间自有各种新的联结方式。他们建设了新的家乡，发展了新的关系，各自原生社会之间的差异的消减使他们对即将到来的各种变化有了准备。古希腊世界发生了飞速的变化。"

"也就是说他们相互合作？怪了，他们之间没有冲突吗？"

"当然有，合作才是例外。那时的战争形式也发生了变化！古风时期形成了特定的作战方式，作战人员由各个城邦中所有具备战斗力的公民组成。作战方阵的阵型是所有士兵站成一排，一个个手持盾牌，既护住自己也护住旁边的人，在这铜墙铁壁中只有长矛能够伸出来。这不仅是一种非常有效的新型作战方式，而且能够团结团体中的成员，让他们觉得城市的命运掌握在他们的手中。赫拉克利特说过：'战争乃万物之父，万物之王。'我觉得不用翻译你也能理解这句话吧。"

"就是说'万物流变'的那个人？"

"就是他。赫拉克利特，'黑暗'哲学家[①]。从古代开始人们就这么称呼他，因为人们不能理解他说的究竟是什么意思。上面这句话的意思可能就是不破不立吧。"

[①] 赫拉克利特幸存下来的一些作品片段风格神秘又晦涩，所以被称为"黑暗"哲学家。——译者注

"哲学家们都是什么人啊?所以说,古希腊哲学从这个时候就已经开始发展了?"

"是的,哲学就是在这个时期诞生的。赫拉克利特只是这个时期出现的众多自然哲学家中的一位而已,其他的还有泰勒斯(Θαλής)、阿那克西曼德(Αναξίμανδρος)、阿那克西美尼(Αναξιμένης)……"

"那这些人都住在哪儿呢?"

"说了这么久你都没听进去吗?他们就住在那些出现了文化和社会大融合的地方——小亚细亚和意大利南部的各个殖民地。我们将他们分为不同的'学派'……"

"像划分非正式职业教育机构和专职职业教育培训中心那样?"

"当然不是了,我的朋友!学派里的'派'[①]指的是不同的团体。我们把他们进行这样的划分是因为他们并不是一人两人,而是人数众多!有米利都学派、爱菲斯学派、伊利亚学派……"

"这些殖民地可太厉害了……也就是说它们改变了整个古代世界呀!"

"确实如此。因为很多殖民地还与它们的母城保持着联系,由此创建了一张活跃的贸易网。科林斯(Κόρινθος)就是当时的'贸易之王',它建立了很多殖民地,并且通过这个网络获得了巨额财富。科林斯的陶器风靡了整个地中海,而且它还做出了建

---

① 希腊语中的"σχολή"既有"学校、学院"的意思,又有"学派、派别"的意思。——译者注

造两处港口进行贸易的巧妙安排：一处是科林斯湾（Κορινθιακός Κόλπος）的勒凯翁港（Λέχαιο），用于爱奥尼亚和意大利以及再往西的地方的船只往来；另一处是萨龙湾（Σαρωνικός Κόλπος）的肯彻里埃港（Κεγχρεές），用于爱琴海和东方的船只往来。"

"波斯的船只也停靠在科林斯？"

"现在你知道科林斯与大海的关系有多么悠久了吧？在这方面科林斯怎能不炫耀呢？它对大海了如指掌啊！那个时候还没有运河，但是有陆上船槽，就是给一条道路铺上滚木，再通过滚木将船只从科林斯地峡的一边拖到另一边。"

"他们居然有这种手段？想不到当时的科林斯在航海方面竟然这么先进！"

"不仅如此，传说科林斯的造船商阿米诺克尔斯（Αμεινοκλής）就是为萨摩斯岛或者雅典建造三桨座战船的人，不过对于造船者究竟真的是阿米诺克尔斯还是科林斯的其他人，古代资料记载常有出入。这艘船成了古代最受欢迎的战船。"

"你刚才还提到了科林斯的陶器。它的陶器有什么重要之处？"

"科林斯的产品装在陶器中进行流通，但是很快这些陶器本身就变成了炙手可热的装饰品。科林斯的陶制花瓶精雕细琢，上面的微型装饰直到今天依然令人赞叹不已。此外，他们发明了一种装饰方式，将陶瓶上的轮廓涂成黑色，并用尖锐的工具刻画细节，制作出精美的工艺品，我们把这种工艺称作'黑彩陶艺'。这类陶器遍布整个地中海，让我们对科林斯及整个古希腊有了更多的了解。比如说,科林斯人会制造一些奇怪的小瓶子,我们叫作'香油瓶',里边装的东西不会洒出来,因为瓶口的边缘是向内卷进去的,当你想把瓶子清空的时候,卷进去的部分会阻挡液体溢出。这种香油瓶里通常装着芳香油、药膏或面霜。在古希腊的其他地方,比如马其顿或罗得岛,这类瓶子被用于葬礼,可能里边装着为逝者在墓中准备的香薰。但是在科林斯,这些瓶子有着其他用途,因为它们不是在墓中被发掘出来的。"

"整个古希腊我只知道两个城邦,就是雅典和斯巴达,但你说了这么久,一个都没有说到。"

"没有说到这两个是因为它们是两个大城邦,它们都不认为殖民是解决问题的最好方案,而是努力在已有的生存空间中解决各种问题。雅典和斯巴达,这两个城邦后来成了古代世界最重要的城邦。"

"快跟我说说斯巴达,我想听!"

"斯巴达是古风时期最强大的希腊城邦,它知道自身的强大并且为之感到非常自豪。它建立了一个非常军事化的社会体系,与其他城邦大相径庭。传说这个体系是由立法者吕库古(Λυκοῦργος)创建的。即将离开斯巴达之时,他交代在他回来之前谁都不能改变这个体系,可是他走了之后再也没有回来,所以斯巴达人就什么都没有改变。"

"一直都没有改变吗?"

"直到很久之后才改变。在古风时期和古典时期,斯巴达人一直遵守着吕库古的法律。所有斯巴达公民都是职业军人,女人也和男人一样接受体育训练。斯巴达人首先是个战士,其次才是个人,因此整个斯巴达发展成了一个威力无比的'战争机器'。"

"斯巴达太令人惊叹了!"

"事实真的如此吗?那是一个非常残酷的社会。那里每年都会举办一个庆典,叫作'克里普提大猎杀'(Κρυπτεία),在庆典中斯巴达的年轻人必须在夜里猎杀一个奴隶!他们对伯罗奔尼撒半岛的大多数地方都造成了严重威胁,他们与阿尔戈利斯和阿卡迪亚(Αρκαδία)冲突频发,他们常年挑衅麦西尼亚(Μεσσηνία)人的耐心和道德,并最终将之征服、变成了自己的领地。从那时起,他们与麦西尼亚之间的冲突和敌意一直持续了几百年。"

"你破坏了我对斯巴达的美好印象。"

"看问题不要太绝对,这世上并非只有黑和白。斯巴达在某些方面是值得称颂的,但它同时也是一个残酷的社会。为什么我们非要将它理想化呢?它就是它,好的坏的都是它。"

"但是所有人都在赞颂,不论是对斯巴达还是对整个古希腊。"

"这并没有什么不对,只不过它并不是一个由完人组成的社会。尽管这个文明有着每个人类社会都有的所有缺点,但它同时也在某些领域创造出了非常出色的文化产品。"

"还建造了宏伟的帕特农神庙。"

"还没呢!帕特农神庙是在距离此时很久之后才建造的。不过既然你提到了,古风时期的建筑也已经开始呈现出明确的特征。

所有那些你一看到就会觉得属于古希腊的建筑——其实也有可能不是，因为后来罗马人也有了同类型设计——都是在那个时期创造出来的。最先创造出来的是两种最著名的建筑风格：多利安柱式和爱奥尼亚柱式。多利安柱式在希腊大陆比较受欢迎，因为这里的人大部分都是多利安人后裔。爱奥尼亚柱式在希腊的各个岛和小亚细亚比较受欢迎，因为那里的人主要是爱奥尼亚人后裔。"

"我分不清哪种是哪种。"

"多利安柱式看起来更粗壮、更朴素，柱身带有凌厉的凹槽，而它的'帽子'——柱头，也就是柱子的顶部——采用了一种简单、低调、朴素、整洁的设计，像盘子或者倒立的圆锥。了解多利安柱式的最佳庙宇是古奥林匹亚的赫拉神庙，它是存留下来的最古老的神庙之一。它最早是用木头建造的，后来一有柱子腐朽或老化，人们就用新的石柱替换下来，但是每一根替换上去的石柱子都带有它所属时期的风格和尺寸特点，导致的结果就是这座神庙中有各种不同风格的多利安式柱子！因为最开始的多利安柱式是比较粗矮的柱子，柱头是膨胀的曲线，像面包块一样。但随着时间的推移，柱子越来越细，越来越高，柱头也越来越接近圆锥形，越来越立体，从后来的帕特农神庙的柱子就能看出来。"

"爱奥尼亚柱式是什么样的？"

"爱奥尼亚柱式更为秀美，更有海洋气息。它的柱子更为纤细，同样也有凹槽，不过棱角更为圆润，而且柱头有两个旋涡装饰。如果有人想要造出带有最基本的希腊风格的东西，这就是世界通用的最典型的形状。居住在小亚细亚北部沿岸的伊奥利亚人，他们的柱头有着自己的样式，名字就叫'伊奥利亚柱头'，但是知名度不高，而且与爱奥尼亚的有些类似，所以不是特别出彩。"

"各种柱头听得我头都晕了。除了不同的柱头，就没有别的了吗？"

"这个时期的艺术已经开始准备起飞了，虽然还没有正式起飞，但是已经在滑行着给机器预热了。艺术元素咆哮着准备在大理石和陶器中爆发，最早的大型雕像开始出现。我们说过，希腊的先民们经常旅行而且非常喜欢那些东方文明国家，在所有那些国家中，他们最喜欢的就是埃及。"

"为什么是埃及？"

"因为埃及有着先进的古文明，在当时的希腊人看来，埃及的古文明源远流长，就像我们今天看待自己的古希腊文明一样。埃及人在雕像方面有着悠久的传统和丰富的经验，千百年来，他们使用同样的艺术手法，用玄武岩、花岗岩和其他各种大石头雕刻出巨大宏伟的雕像。所有直立雕像的双手都贴在身体两边，一只脚往前迈出以保持雕像的平衡，免得倒下来砸到路过的人，造成悲剧。古希腊人先是复制了他们的模型，然后开始回家自己做。"

"模型？"

"埃及人的雕像是基于一个具体的测量模型来做的，这样做出来的雕像都一样。传说有两个萨摩斯人，提奥多罗斯（Θεόδωρος）和特里克勒斯（Τηλεκλής），这两人都是罗伊科斯

(Ροίκος)的儿子,也有说法称特里克勒斯是提奥多罗斯和罗伊科斯的爸爸,人物关系有些不明朗,但是反正就是这两个雕刻家,他们去到埃及并学习了埃及人的雕像制作方法,然后按照这些方法开始在不同的工坊中各自制作半具雕像,从头到脚各做一半,最后将两半雕像进行合并,竟能完美地贴合在一起。"

"也就是说,古风时期的希腊人已经开始制作埃及那种雕像了?"

"并非完全一样。爱琴海的古希腊雕刻家们确实深受埃及那些伟大作品的启发,但是通常他们复刻出来的雕像的尺寸要更小,很少有那么大尺寸的。而且这种复刻也没有持续很长时间,后来就没有再做了。"

"可能是因为厌倦了吧。"

"也有可能是他们觉得做出来的东西与自身的气质不符,所以想着做一点儿改变。首先,古埃及人的雕像都是穿着衣服的,古希腊人却把雕像做成一丝不挂。其次,很快雕像的两手也不再贴着身体两边了,雕像的身体也开始呈现出更自然的姿态,由此产生了一种新的雕像类型,就是我们熟知的青年男子雕像库罗斯(Κούρος)和青年女子雕像科拉(Κόρη)。这些雕像的脸上都带着淡淡的微笑,因此,除了身体的姿态以外,另外一种辨别一个雕像是否属于古风时期雕像的诀窍,就在于这种所谓的'古风式微笑'。这种风格最早是在希腊诸岛发展起来的,但是很快便在全希腊盛行了,库罗斯雕像和科拉雕像很快就遍布了整个希腊大陆。啊对了，我还想起了另一件事，据说提奥多罗斯和罗伊科斯曾为吕底亚（Λυδία）的国王克罗伊斯（Κροῖσος）造过一个巨大的黄金调酒坛，能装下 1800 升葡萄酒。"

"什么是调酒坛？"

"调酒坛就是一种兑酒用的大罐子，往罐子里倒上葡萄酒原浆，再加水勾兑成酒宴的饮用酒，也就是用来调制葡萄酒的！葡萄酒这个词就出自这里①。因此，这个罐子叫作'调酒坛'。"

"不论是有意的还是无意的，你又把我往陶器这方面带。"

"可这个时期就是陶器艺术开始绽放的时期啊！雅典人看到科林斯人发明了黑彩陶艺，便也跃跃欲试，他们觉得：'如果科林斯人能做到，我们一定也能做到！'雅典人非常偏爱黑彩陶艺，因此也造就了一批完美的黑彩陶艺术家。许许多多的艺术家都在制作黑彩陶。高峰时期，雅典三分之一的艺术家几乎同时在卫城山脚下那些狭窄脏乱的小巷里连墙接栋的工坊中制作黑彩陶。"

"跟我说说这些人……"

"其中一个是吕底斯（Λυδός）。"

"这是他的名字还是出身？他是从吕底亚来的吗？"

"可能他就是吕底亚来的移民，所以才叫这个名字吧。第二个是埃克塞基亚斯（Εξηκίας），第三个是阿马西斯（Ἄμασις）的画师。"

"所以这三个人就是最伟大的黑彩陶艺画师是吗？吕底斯、

---

① 希腊语中"κράση"是"将液体进行混合"的意思，"κρασί"（葡萄酒）这个词就来源于"κράση"这个动作。——译者注

埃克塞基亚斯和阿马西斯?"

"不是阿马西斯,是阿马西斯的画师!"

"有什么区别?"

"我们不知道那个画师的名字,但是我们知道他是为陶艺家阿马西斯画陶瓶的画师。阿马西斯也是一个外国名字,埃及的名字,也许他是埃及人吧。"

"好吧。也就是说,他们是雅典陶瓶画师中的精英?"

"黑彩陶画师中的精英,因为就在古风时期结束之前,雅典出现了另一种发明。那个时候,大约在公元前530年,有一个陶艺家叫安多基德斯(Ανδοκίδης),他有一位为他工作的画师,不过我们不知道那人的名字。"

"所以,我们就把他叫作'安多基德斯的画师'?"

"完全正确!很高兴你领会到了'精髓'。这个画师发现了一种新的绘画手法。不像那时将黑色图案画在红色背景上的常见做法,他将两种颜色对调过来了,开始在黑色的背景上画出红色的图案。陶器上鲜艳的红色衬托得图案越发生动明亮。红彩陶艺迅速占领了一席之地,许多画师都开始追随这位不知名艺术家的做法。"

"我有点儿分不清黑彩陶艺和红彩陶艺。"

"非常简单。如果上面的人物图案是黑色的,那么它就是黑彩陶艺,如果上面的人物图案是红色的,那么它就是红彩陶艺。还有一些人画出来的陶瓶一面是黑彩一面是红彩,这种陶瓶我们叫作'双面瓶'。你瞧,'双面'这个词还有另外的含义,我们有时候也真是双关语小能手呢!"

"行了,也别太得意忘形了。"

"真是没有幽默细胞!这里我们说到了伟大的陶瓶绘画。你以为古希腊陶瓶能成为全世界各个博物馆中最重要的藏品是偶然吗?第一代红彩陶器匠人数不多,但是接下来的第二代就将之发扬光大了。他们开始在人体展示上探寻这种新陶艺的各种可能性,想象力和创造力一飞冲天。我们将这些人称为'开拓者',并非因为他们发明了红彩陶艺,而是因为他们将这种艺术发展到了前所未有的程度。他们是西方艺术史上第一个艺术团体,而且有可能这一群人相互之间都是朋友。"

"这又是从哪儿看出来的呢?"

"从他们的作品,主要从他们陶瓶上的题字看出来的。他们常常在作品上题字,而且最棒的地方在于很多人会在上面留下自己的名字,因此我们知道了他们之中许多人的名字:欧弗洛尼奥斯(Ευφρόνιος)、埃弗西米迪斯(Ευθυμίδης)、斯米克罗斯(Σμίκρος)——这个名字可能是一个小个子的昵称——还有芬迪亚斯(Φιντίας)、伊普西斯(Ύψις)。我们还可以从他们的艺术作品中看出他们之间的人物关系。有一些人画出了自己与朋友们聚会的场景。埃弗西米迪斯在他的一个陶瓶上写道:'欧弗洛尼奥斯永远不可能画得像我一样好。'这个匠人团体中的这些普通人在创作上相互受到彼此的影响,但是他们做梦也想不到几千年之后他们的作品会被仔细研究,被陈列在世界各大博物馆中,被誉为人类创造力的巅峰之作。"

"哦哟,这些人是怎么聚到一起成为伙伴的?"

"当时陶器工匠们的工坊都开在雅典的凯拉米克斯(Κεραμεικός)。说实话,那地方就一个村庄那么大,很多人在那里制作陶瓶,另外一些人在那里给陶瓶绘画,也有一些人两种工作都做。画师们在各个工坊之间游走。工匠们坐在堆满泥土的狭窄小房间里,俯在陶轮上,做出了那些今天摆满世界各大博物馆的陶瓶。在那个时代,他们是被人看不起的。不全身心投入外面的工作,而是作为工匠宅在一个不见天日的地方,这种人在当时是受人鄙夷的。但是做陶器有利润啊。当时阿提卡的陶瓶已经开始在整个东地中海乃至黑海沿岸和西方备受追捧,供不应求!陶器工匠们都在他们的泥屋里工作,泥屋的前厅或者厅外的路上摆放着待售的成品,后面的工坊里放着陶轮、装着泥土的桶,以及各种挂在墙上的工具。工匠们满身尘土,穿着简单,就一件束腰外衣,天气冷的时候再在上面加一件短斗篷。他们手上沾满陶土,指甲也总是被陶土染成红色,一些画好的陶瓶被晾在一旁等待烧制。很有可能工匠们的妻子和孩子也帮着他们制作陶器。到了烧制的那几天,大家都很紧张,因为这是整项工作中最困难也最重要的部分。他们会将陶瓶放在炉子中的堆栈上,点上火,连续加热很多个小时,直到温度达到800—900摄氏度。他们会在炉子上挂上各种符箓用于驱赶各个恶魔,比如会把陶器打碎的辛特里瓦斯

（Σύντριβας），会把堆栈打翻的萨瓦柯蒂斯（Σαβάκτης），会让陶瓶产生裂缝的斯马拉戈斯（Σμάραγος），会让陶瓶烧出来很粗糙的欧摩达莫斯（Ωμόδαμος），还有会让火候不受控制的阿斯维托斯（Ἄσβετος）。神祇和恶魔在古代希腊人的生活中无处不在。你仔细想想就会发现，不论是酒会还是我们所讨论的这些陶瓶，都指向一个具体的神祇。"

"狄俄尼索斯吗？"

"就是狄俄尼索斯！他可能是最具影响力的神祇了，如果没有对他的崇拜，那么有一半的西方文化将不存在。"

"哦哟，这么说就夸张了哈。"

"毫不夸张。你看啊，狄俄尼索斯是一个典型的神祇。首先，根据传说，他出生了两次。第一次是由维奥利亚州的忒拜公主塞墨勒（Σεμέλη）生出来的。塞墨勒在赫拉的诱骗下，请求宙斯在她面前显现原形，展示'全部神力'。"

"有没有搞错，塞墨勒都和宙斯发生……关系了，还敢相信宙斯他老婆的话？"

"嗯，听起来是有点儿傻！宙斯想要拒绝她，因为他知道塞墨勒那双凡人的肉眼无法承受神光，但是他之前已经向她承诺过会为她做一件事，不论是什么事。'亲爱的塞墨勒，我的原形长什么样子对你又有什么影响呢？'宙斯说。可是塞墨勒坚持要看。宙斯显现了原形，瞬间电闪雷鸣，整座王宫都被熊熊烈火包围，塞墨勒被烧成了焦炭。电光火石之间，地上长出了一条条常春藤，及时拉走婴儿狄俄尼索斯，将他包裹起来救了他。宙斯怜悯这个婴儿，于是割开自己的大腿将他放了进去。在众神之父的腿中，被其血液养到足月之后，狄俄尼索斯第二次出生并开始了他作为新生神祇的生涯。在这种情形下出生，又有赫拉这种后妈来给他的生活使绊子，这位年轻的神祇毫无悬念地有了一些心理问题，需要找到发泄的途径。因此狄俄尼索斯发明了葡萄酒。你知道葡萄酒要配上什么吗？"

"要配上什么？"

"宴会，还要有歌声和舞蹈。最开始信徒们只是吟唱歌颂狄俄尼索斯的歌谣，随着时间的推移，渐渐发展成了赞美诗。随后赞美诗在全希腊盛行，所有的宴会上都会唱赞美诗，一群男人打扮成山羊的样子随着歌声翩翩起舞。直到有一次在阿提卡的一场庆典中，那会儿整个村子的人都聚集在田地里，有的坐着，有的站着，其中有一个有点儿不安分的家伙，狄斯比斯（Θέσπις），他想到了一个令人十分难以置信的做法。他站到歌者们的对面，进行了一场即兴的对话。他和歌舞队聊起了天，一唱一和。狄斯比斯自导自演，成了一个演员，戏剧由此诞生。那个时刻，就是狄斯比斯迈出了短短的几步，站到了其他人的对面并开口对话。戏剧诞生的那个时刻，在后世一遍遍上演着，全世界任何一个演员在任何一个剧场的表演中迈出最后几步登上舞台的时候，都是对那个时刻的重现和致敬。狄斯比斯一定想不到许多个世纪之后，从美第奇王朝统治下文艺复兴时期佛罗伦萨的即兴喜剧，到泰晤士河畔的莎士比亚环球剧场,从米兰的斯卡拉歌剧院,到纽约的卡耐基音乐厅,他为戏剧艺术点燃的星星之火依旧在成千上万热爱戏剧艺术,并因戏剧艺术而达到情感共鸣的人们的脑中熊熊燃烧。也许那便是狄俄尼索斯诞生之时,忒拜王宫中的火苗。"

"我明白你的意思,不过我个人觉得古希腊留给世界的还有比戏剧更贵重的礼物,就是民主制度。民主制度是什么时候建立的?"

"差不多也在这个时期。首先是当时的国王们都得卷铺盖走人,由于当时希腊大陆上所发生的一切,政体变更已经不可避免。当时在大部分的希腊王国里国王们已经失去了权力,人民由贵族在统治,实行贵族政治。当然了,某些古希腊城邦的贵族已经引得人民怨声载道,他们残酷地压迫那些底层阶级。在很多城市,由于各种各样的原因,产生了一种现象:某个机灵的人——通常是贵族,但也不一定都是,因为做这件事只需要头脑灵活,别的都不是必备技能——化身为被压迫阶层的守护者,发动政变,作为僭主获得统治权。"

"也就是独裁者咯!"

"当时'僭主'这个词并非贬义词,它只是说明某个人获得了权力并独自实行统治而已。从小亚细亚和爱琴海诸岛到希腊大陆乃至西西里岛的各个殖民地,有不少聪明人在看到最早政变成功的那些僭主所获得的权力和财富之后跃跃欲试,最终也成了他们所在城市的僭主。他们中的很多人都以激进的方式推行统治。当然了,相当一部分人也会努力使人民满意以便获得支持。"

"都有哪些地方有僭主?"

"很多。比如萨摩斯岛的僭主是波利克拉特斯(Πολυκράτης),他与他的两个兄弟一起获得统治权,将萨摩斯岛分为三份,但后来又杀死了其中一个兄弟,并流放了另一个;纳克索斯岛的僭主是吕戈达米斯(Λύγδαμις);科林斯的僭主是佩里安德(Περίανδρος),这个人曾经踢死了自己的妻子,他和米利都(Μίλητος)的僭主色拉西布洛斯(Θρασύβουλος)是好友,他曾经派遣信使询问色拉西布洛斯如何才能使权力更加稳固,传说色拉西布洛斯没有回答,而是将信使带到田里,把长得比其他麦穗高的麦穗割掉,意思非常明显——从那时候起佩里安德就开始屠杀所有认为自己高人一等的科林斯人;伯罗奔尼撒北部的一个富裕的小城西库昂(Σικυώνα)也有僭主,其中一位僭主是克里斯提尼,传说他的曾祖父是屠夫或者厨子——这个可能是谣传,可能是为了抹黑他,也可能是为了赞扬他,说明他是靠自己的能力获得权力的,而不是靠继承——传说他请了全希腊所有优秀的未婚男子来参加竞赛,为他最爱的女儿阿加丽斯特(Αγαρίστη)擢选夫婿。"

"为什么你要这么详细地跟我说克里斯提尼的家事?"

"我跟你说的肯定是重要的。参赛的青年人不仅仅有来自邻邦的,还有从色萨利和意大利南部远道而来的。最终胜出的是两个雅典人,希波科里戴斯(Ιπποκλείδης)和麦加克勒斯(Μεγακλής)。克里斯提尼选择了希波科里戴斯。婚宴上他们杀了一百头牛来宴请全城人民和所有的政商名流。可是席中酒意正浓且内心狂喜的希波科里戴斯跳上桌子开始跳舞，他以头倒立，抬起双腿开始做各种舞蹈动作。"

"这个古人是在跳街舞？"

"是的，可是克里斯提尼是一个比较保守的人，看到这个大为震惊：'这都什么乱七八糟的东西！'就在新郎倒立着向同伴们展示自己所有的舞蹈技巧时，克里斯提尼转过头去不耐烦地对他说：'你这跳来跳去的，把你的婚事都给跳没了！'这里的'跳来跳去'既指跳舞这件事，也指他跳舞的时候晃来晃去的生殖器！他说这句话的意思就是：'你竟然跳这种下流的舞蹈，这桩婚事取消了！'醉醺醺的希波科里戴斯回答道：'我不在乎！'怒火冲天的克里斯提尼取消了婚礼，并将女儿嫁给了第二位候选人麦加克勒斯。对世界历史而言，这可是一大幸事。因为这对新婚夫妇将他们的第一个孩子也命名为'克里斯提尼'，以此向孩子的外祖父表达敬意。而小克里斯提尼长大之后，成了雅典民主制度的奠基人。"

"当时雅典没有僭主吗？"

"有的，这个人就是庇西特拉图（Πεισίστρατος）。庇西特拉图是一个聪明机智且疯狂的演技派，曾三次试图成为僭主。第一次他以自残的方式伤了自己并斩杀了自己所有的动物，然后跑到市中心说：'我的生命受到了威胁，救救我！'他说有人憎恨他，要求为他配备一支私人护卫队。雅典人就真给他配备了。"

"难道就没有人怀疑他吗？"

"只有梭伦(Σόλων)怀疑过,他是著名的智者,古希腊七贤①之一,他明白事实是怎么回事并表示反对,可是没有人听他的话。庇西特拉图将这支私人护卫队变成了私兵并自立为僭主,不过这场政变并没有持续很长的时间,他就被流放了。第二次他找了一个身材魁梧的女孩,把她打扮成女神雅典娜,带着她坐着战车从派阿尼亚(Παιανία)一路游行到雅典,想向雅典人展示是雅典娜女神亲自带来了统治者。"

"那雅典人上钩了吗?他们相不相信这场变装秀?"

"大部分人信了,但是幸好有人没上当。这次出来反对的是来自强大富裕的阿尔克马埃翁家族(οικογένεια των Αλκμεωνιδών)的麦加克勒斯,也就是我们前面提到的克里斯提尼的女婿……但是第三次,庇西特拉图带着他在马其顿的矿场赚的钱和他的僭主盟友们又卷土重来了,这次他终于夺取了政权,并随后执政了许多年。他的对手们,主要是阿尔克马埃翁家族,全都自我流放了。只有梭伦留下来呐喊,可是他已经老了,并且在不久之后就去世了。"

"梭伦没有因为反对僭主而受到惩罚吗?"

"没有,因为他年纪已经很大了,而且是个备受尊敬的长者,是个有身份的人。另外,还有谣传说他是庇西特拉图以前的情人。"

"真的吗?"

---

① 古希腊七贤是指泰勒斯(Θαλής)、毕阿斯(Βίας)、庇塔库斯(Πιττακός)、梭伦(Σόλων)、奇伦(Χίλων)、克莱俄布卢(Κλεόβουλος)、佩里安德(Περίανδρος)。——译者注

"不同的古代作家都提到过,只有亚里士多德(Αριστοτέλης)对此提出质疑,因为他们之间的年龄相差太多了。"

"在经过这么多努力之后庇西特拉图是怎么坐稳僭主之位的?"

"庇西特拉图是一个机智成功的领导人,他兴建了许多公共工程,还做了一件永世流传的事:他为雅典公民组织了节日庆典,在历史长河之中,这座城市将长久地记录下雅典娜女神节和酒神节被赋予的意义。庇西特拉图死后,他的两个儿子——希庇亚斯(Ιππίας)和希帕克斯(Ίππαρχος)继承了僭主之位。一开始一切都风平浪静,直到有一天希帕克斯看上了一个男青年哈尔摩狄奥斯(Αρμόδιος)。他向哈尔摩狄奥斯表白,但哈尔摩狄奥斯拒绝了,因为他已经跟阿里斯托革顿(Αριστογείτονας)在一起了。为了复仇,希帕克斯公然污蔑哈尔摩狄奥斯的妹妹,说她已经不是处女了,没有资格参加雅典娜的庆典。"

"这是很严重的事吗?"

"当然了!这种指控是非常严重的,只有处女才能够参加雅典娜女神的游行。于是,哈尔摩狄奥斯和他的爱人阿里斯托革顿在庆典当天刺死了僭主希帕克斯。后来雅典人将他们誉为'弑僭者'以及民主之路的'领路人'。在这之后,孤身一人的希庇亚斯因为孤独而发狂,变成了一个暴戾的僭主。直到雅典人在斯巴达人的帮助下发动了起义,推翻了僭主制。就是在那个时候,在那个百家争鸣的社会环境下,我们之前提到的克里斯提尼声名鹊起,并提出了一个激进的建议:推行民主制。那一年是公元前

508年。当时希腊已经建立起了各个城邦，文字已经得到了传播，高等艺术、建筑、哲学、戏剧和科学的根基已经奠定，古风时期进入了尾声。民主制刚刚诞生，必须为生存而战。但考验很快就到来了。那个时期有一个非常强大的帝国——波斯，它将目光转到了地球的这个角落，并伸出了魔爪。"

"等等，稍等一下，我提个疑问。"

"什么疑问？"

"这一路说来你总是抛出各种我不认识的词语，你那些科学术语都快把我淹没了！你们科学家对于术语是有什么执念吗？"

问 答

我不会再说那些令人难以理解的词语了——
为什么考古学有这么多术语？

"我知道那些术语让你觉得不明所以、望而生畏、敬而远之，你说得有道理，术语总是既枯燥又晦涩难懂。但术语的存在自有它的目的和理由。从一门可以汇聚全世界成千上万研究者的科学诞生的那一刻起，我们对于某些东西的命名就必须有一个共同的准则，这样大家才能够进行沟通交流。"

"你们就不能简单说'喏，一个陶瓶'？有必要给它起500个不同的名字吗？"

"那是哪一种陶瓶呢？'陶瓶'是一个统称。你要如何将它们区分开来？无论如何，术语是一个必要的存在，但事实上它只停留在各个学科的专家们的科学著作、讨论、分析、争论之中，而且随着时间的推移，自然而然地也会出现一些新的含义，而一些旧的含义则会被废除。"

"问题是万一这个术语只是出现在一个浅显的语境里，出现在非专业人士交流的时候呢？"

"你说得有道理。非专业人士可能没有办法理解每一个科学术语的特别和奇异之处。而且很明显，我们现在也不可能去分析'科学术语'这个整体概念，也无法为每个科学术语——添加注释。但是我之前并没有用什么难懂的术语对你狂轰滥炸呀。该怎么跟你说呢？有一些奇怪的、自相矛盾的、有趣的术语只对某个考古学家有'意义'，对于其他人却是没有的。"

"你勾起我的兴趣了，说几个来听听。"

"迈锡尼时期的阿拉巴斯特朗雪花石膏瓶（αλάβαστρο）是一种扁圆形的陶瓶，像一块被压扁的圆面包，可能是用来存放面霜和化妆品的（图 7.1）。古典时期的阿拉巴斯特朗雪花石膏瓶则是另一种瓶子，细长型的，看起来像化学实验室里的烧瓶，是用来存放香水和香油的（图 7.2）。而艾克萨利普特朗香油瓶（εξάλειπτρο）是古典时期另一种奇怪的瓶子，像我们刚刚所说的迈锡尼时期的阿拉巴斯特朗雪花石膏瓶一样，也是扁圆形的，但它的瓶口是向内往下卷的，这样能防止瓶子里的东西溢出来（图 7.3），曾经我们也管它叫'科桑饮瓶'（κώθων），但后来就不这么叫了。如果艾克萨利普特朗香油瓶带了基座，它就成了普里莫霍伊圣水瓶（πλημοχόη，图 7.4）。还有一些瓶子像敞口杯子，瓶口处有水平的手柄，这种瓶子是用来喝酒的，叫'斯基福斯双耳酒杯'（σκύφος，图 7.5）。斯基福斯双耳酒杯有各种不同的样式，其中有一种样式叫'博萨'（Bolsal，图 7.6），因为许多年前最早用于研究的两个这种样式的酒杯，一个来自意大利的博洛尼亚（Μπολόνια），另一个来自塞萨洛尼基（Θεσσαλονίκη），因此两个地方各取一个字，叫'博萨'。另一个样式叫'CHC'（图 7.7），因为上面的图案所表现的场景通常是驾驭战车（英语叫'chariots'），或者关于表达爱意、调情的那个词怎么说来着？求爱（英语叫'courting'）！因此，这个样式的名称各取了两个英文单词的开头部分，即形成了'CHC'。另外，斯基福斯双耳酒杯和科迪利双耳杯（κοτύλη）的形状是一样的。"

"你瞧瞧！看出你们的问题了吧？"

"别着急，还有更糟糕的呢。咱们来说说武器里边的详细术语。以盾牌为例，盾牌不是简单地被称为'盾牌'（图 7.8），盾牌内面用于把手放进去勾住盾牌的那个金属部件不叫作'把手'，叫'盾鼻'，而盾牌四周那一圈金属也不叫'金属圈'，叫作'盾框'！再来说说头盔，这个更加混乱。比如伊利里亚头盔（图 7.9）就不是伊利里亚（Ιλλυρία）的。"

"伊利里亚是哪里？"

"伊利里亚人是曾经居住在现今希腊西北部和阿尔巴尼亚东南部的一个民族。以'伊利里亚'命名的头盔其实是古希腊人的，是由希腊南部向其他地方传播出去的。只不过这种头盔最先在古伊利里亚遗址被发现，然后这个名称就这样传下来了。而'科林斯头盔'（图 7.10）则是从古至今都是这个叫法，连希罗多德（Ηρόδοτος）都这么叫——他在描绘利比亚的两个古老民族的时候提到过这种头盔。那两个民族分别是玛科律埃斯人（Μάχλυες）和欧赛埃斯人（Αυσείς），他们的习俗是在祝祭的时候选一个女孩，头戴科林斯头盔，身穿全副甲胄，让她登上战车绕一个湖巡游，随后由两队年轻女子相互展开祝祭之战，在祝祭之战中被杀死的女孩会被称为'假处女'。"

"这个跟我们现在说的有什么关系吗？"

"没有，只不过我觉得这个故事听起来很离奇，所以想要和你分享一下。"

"为了让我更混乱是吧！继续跟我说那些头盔。"

"科林斯头盔是当今最著名的古代头盔，是所有古代头盔里边形状最完美的，所以你在所有的电影里、所有的纪念品店里都能看到它的身影，甚至漫威漫画《X战警》（X-Men）里边的万磁王戴的也是这种头盔。而哈尔基斯头盔被认为是这种头盔的变体，之所以被研究人员叫作'哈尔基斯头盔'，是因为他们在一些陶瓶上看到了这种头盔的图案，而那些陶瓶，他们之前以为是来自哈尔基斯。所有这些都没有被记录在案。另外，维奥蒂亚头盔（图 7.11）是自古以来就叫作'维奥蒂亚头盔'的。色诺芬（Ξενοφώντας）提到过这种头盔，认为这是最适合骑士的头盔。而我们今天所说的阿提卡头盔（图 7.12），则一直都不怎么出名。不过罗马人参照这种头盔做了另外一个版本的头盔，就是我们现在看到的所有罗马人都戴的那种。"

"我知道这么说显得我很唠叨，但是你说的这些已经烧死我几百万个脑细胞了。"

"这才哪儿到哪儿啊！我们再回到陶瓶这一块？有一类古风时

期的陶瓶,我们叫作'米洛斯陶瓶',因为它们最早是在米洛斯岛(Μήλος)被发现的。但是最终当我们搞清楚之后才知道它来自帕罗斯岛。还有另外一类非常特别的陶瓶,瓷质轻薄透亮,像水晶一样精致,出自希俄斯岛(Χίος),但是我们之前把它们叫作'瑙克拉提斯陶瓶',因为它们最早是在古埃及的瑙克拉提斯被发现的,而瑙克拉提斯是以前法老们批准设立的泛希腊贸易站。不过现在我们都把它们叫作'希俄斯陶瓶'(图 7.13)了,因为我们最终发现它们的产地是希俄斯岛。"

"哦,所以你们决定就此忘掉那个以前的叫法是吧——行吧,你们说啥就是啥吧。"

"我还没说完呢!在晚古时期有一种小瓶子,我们现在把它们叫作'没药瓶',因为它们就是用来装没药和香油的。在希腊化时代之后,几乎每一座墓中都能发现这种小瓶子。这种小瓶子曾经被我们叫作'泪瓶'。"

"为什么?用来装逝者亲属的眼泪的?"

"有一段时间人们还试图推行一个翻译成拉丁语的叫法——因为这种陶瓶在罗马时期也非常出名——所以在那段时间这种陶瓶叫作'拉克里玛塔利陶瓶'(λακριματάρι)[①]。"

"我的老天爷啊!"

"古典时期以及之后,用来将葡萄酒从调酒坛里舀出来倒进杯子里的金属勺子不叫'酒勺子',而叫作'阿里提拉挹酒器'(αρυτήρα),

---

[①] 这种陶瓶的名称从希腊语的"δάκρυμα"(眼泪)音译成拉丁语,然后又从拉丁语重新音译成希腊语。——译者注

盛葡萄酒的杯子也不叫'杯子'，叫'基里克斯杯'（κύλικας），或者'斯基福斯双耳酒杯'（σκύφος），或者'科迪利双耳杯'（κοτύλη），或者还有其他的叫法……由于古人通常会在葡萄酒中添加各种不同的香料和香草，让酒更加美味，所以喝之前就必须把那些香料和香草过滤掉，用来过滤的那个工具，我们叫它'伊思莫斯酒筛'（ηθμός）。耳环叫作'珥诺提奥'（ενώτιο），项链叫作'佩丽阿普托'（περίαπτο），椅子的椅背叫'埃里席诺托'（ερεισίνωτο），椅子的扶手叫'埃里席科拉'（ερεισίχειρα），挂在衣服上的那块布叫作'阿波普提格玛'（απόπτυγμα），衣服上的袖子叫作'科里德斯'（χειρίδες），有袖子的衣服叫作'科里多达'（χειριδωτά），没袖子的衣服叫作'阿科里多达'（αχειρίδωτα）……啊啊啊啊啊，我不想再说下去了！"

"对对对，够了够了！就简简单单地对每一个去博物馆参观、看着展柜中的展品却看不懂展品介绍的访客说声'对不起'吧。"

"别抱怨了，咱们继续往下说。最精彩的部分来了！"

"啥意思？"

"听到'这就是斯巴达'这句话你会想到什么？"

图 7.1

图 7.2

图 7.3

图 7.4

图 7.5

图 7.6

图 7.7

图 7.8

图 7.9

图 7.10

图 7.11

图 7.12

图 7.13

第八章

英雄无泪,
英雄无惧

希波战争

"曾经有一个帝国诞生于两河流域。自这个帝国诞生之前,许多个世纪以来,这里已经出现过许多个帝国了。米底亚人和波斯人,这两个有着亲缘关系的种族在两河流域的大地上创建了这个新的帝国,并将之扩张到了之前任何一个帝国都没有到达过的地方。"

"噢!咱们要从这么久远的地方开始讲吗?不直接讲具体事件吗?"

"别抱怨啦,很快就会讲到具体事件了。如果你不知道古希腊人在希波战争中对抗的是什么人,又怎么能理解为什么他们的胜利这么重要呢?"

"别说得这么悲壮,波斯帝国不就是一个只想着征服扩张的未开化的野蛮国度嘛。"

"仅仅如此吗?它确实是一个残酷又喜欢征服扩张的帝国,就跟在它之前以及在它之后的所有那些帝国一样,但与此同时,一个帝国能够建得如此庞大,必然有其根基和独到之处。它成功地将许许多多不同的民族纳入自己的统治并允许宗教自由。此外它还发展了各种艺术。波斯很快就发展成了超级大国,征服了古埃及、整个中东,乃至小亚细亚。当时在小亚细亚居住的古希腊人主要分布在小亚细亚沿岸,但是他们也被卷入波斯帝国的征服浪潮之中。后来一些希腊城邦发动了起义,他们向希腊本土的同胞发信请求支援。"

"你等等,希波战争不是发生在希腊吗?"

"别着急,我们还没说到希波战争呢。我现在跟你说的是爱奥尼亚起义。希腊本土的大部分人要么不敢支援,要么不想支援,但是埃雷特里亚和雅典派兵支援了当时正在遭受波斯霸凌的希腊同胞。正如你所知道的,公元前492年的爱奥尼亚起义失败了。小亚细亚的各个希腊城邦最终沦陷。但是波斯可一点儿都不傻,它注意到之前雅典和埃雷特里亚派兵支援了,便决定拿它们杀鸡儆猴以树立自己的威信。于是公元前490年,在爱奥尼亚起义两年之后,第一次希波战争爆发。波斯派出大军抵达埃雷特里亚,攻陷埃雷特里亚之后放火烧城,大肆屠杀,将之夷为平地!然后又起航前往对面的阿提卡。波斯舰队在马拉松(Μαραθώνας)靠岸登陆,那军队的规模是希腊前所未见的。"

"希腊人没有联合起来对抗波斯吗?"

"那会儿还没有!雅典人发出了求援信,有一个名叫菲迪皮茨的陆上信使往返斯巴达请求支援,几天之内跑了200多公里,可是徒劳无功,因为迷信的斯巴达人说要等到月圆之夜才能出兵,否则厄运就会降临!"

"小伙子白跑了那么远的路。"

"传说跑到半路的时候,在帕特农山(Παρθένιος όρος)上,菲迪皮茨停在冬青树下歇脚的时候发生了一个神迹,有一位小神祇决定帮助雅典人。据说,潘神(Πάνας)在菲迪皮茨面前显现,对他说:如果雅典人敬奉他的话,他愿意做他们的盟友。菲迪皮茨向他保证会将话带到,并在回到雅典之后传达了潘神的信息。雅典人并没有觉得是这个可怜的年轻人跑了太多路累出了幻觉,而是相信了他的话并承诺敬奉潘神。"

"雅典人最终没有等来支援吧?"

"不论是斯巴达人,还是其他希腊城邦的人,援军都没有及时赶到,只有普拉塔亚(Πλάταια)派来了1000名壮士。你明白吧,当时的雅典正面临着灭绝性的毁灭,情况迫在眉睫。这个小城邦里所有能服役的公民在几年之前才通过民主制掌握了自己的命运,现在他们要向世界证明民主制是可行的,世界角落里的一个小城邦也能在面对一个庞大帝国的时候坚韧不屈!集合在马拉松抵御波斯大军的雅典青年们望着对岸已被摧毁的埃雷特里亚升起的硝烟，明白接下来就要轮到他们上阵了。雅典士兵大概9000至10000人，而敌人的兵力是他们的数倍之多。"

"多少倍？"

"2倍到10倍，史学界对此存在着不同的估算。雅典人进行了排兵布阵，弱化了中路的兵力，加强了两翼的部署，中路开始在敌军大部队的进攻下且战且退，而加强过的两翼则占了上风，这样子希腊军队的左右两翼就像钳子一样对波斯大军的主力部队形成了合围之势。关键时刻，这把钳子合上了，两翼同时对波斯大军的主力部队发起了进攻，始料未及的波斯人阵脚大乱。有人说，确实是潘神对于雅典人决定敬奉他这件事感到满意，所以帮助了他们，向波斯人散播了恐惧，让他们感到'恐慌'①。最终雅典损失了203名战士，波斯损失了约6500人。"

"所以'恐慌'这个词是源自潘神？这个倒是我没想到的。"

"波斯人开始了毫无章法的紧急撤退，向着他们的船只狂奔，而雅典人在后面紧追不舍。传说有一个叫居奈基罗斯（Κυναίγειρος）的雅典人一把抓住一艘波斯船的船头，不让它离岸。波斯人慌了，将他的手砍掉，他又用另一只手抓住，波斯人又把他另一只手砍掉，结果他又用牙咬住，于是他们将他的头也砍掉了！开船之后波斯人心想：'嗯，希腊军队全都聚集在马拉松，几千里之外的雅典城肯定无人防守，咱们去把城攻下来。'于是他们

---

① 希腊语"πανικός"（恐慌）这个单词的词根是"Πάνας"（潘神）。——译者注

驶向了帕列隆港。但是雅典的小伙子们也不是吃素的,他们早有预料,所以,尽管非常疲倦,为了能及时回城他们还是开始跑。"

"哇,他们是怎么做到的?一场苦战之后已经筋疲力尽了啊,而且全身还穿着厚重的甲胄!"

"这就是他们的英勇之处了!一座小城邦的年轻战士们在与一支庞大的军队进行了一场激烈的战斗之后疲惫不堪,却不顾伤痛地开始在马拉松往雅典的漫漫长路上一路狂奔,只为守护他们的城市。那可是如假包换的马拉松长跑,而且全身还穿着甲胄!"

"最后赶上了吗?"

"赶上了。当波斯舰队到达帕列隆港的时候,看到雅典人手持盾牌和长矛雄赳赳气昂昂地站在城外的山坡上,他们终于明白自己是彻底战败了,只好收拾东西从哪儿来回哪儿去。就这样,第一次希波战争以埃雷特里亚沦陷和雅典获胜告终。马拉松战役成为传奇之战,后世流传着很多关于那一天的传说,说他们得到了神灵——比如潘神——的帮助,说忒修斯本人也出现在战斗中……循着这种逻辑,近代的希腊人又传说他们在战场上得到了圣人和圣母相助。不过,波斯人无法接受这样的失败,他们用了10年的时间进行准备,聚集军队。公元前480年,挑起了第一次希波战争的续篇——第二次希波战争。"

"还是从海上入侵吗?"

"当然不是!这一次波斯纠集了更大规模的军队从陆路过来,当然也派来了庞大的舰队,还有大量的陆军。他们占领了色雷斯

（Θράκη），征服了马其顿，以为能够在沿途经过的城邦中所向披靡，将整个希腊半岛纳入帝国的版图之中。当时马其顿的国王亚历山大一世（Αλέξανδρος A'）尽管表面上看起来是波斯人的盟友，私底下却悄悄地向南边的希腊人提供情报。有很多的希腊城邦出于恐惧被迫宣布臣服，甚至连德尔斐的神谕所也是如此，想着还是要站在胜算更大的一方，不要冒险。"

"也就是说，古希腊最伟大的神谕所预言侵略者会获胜？"

"对。但是大部分的希腊城邦都无惧神谕所的预言，而是联合起来共同面对威胁。联军以斯巴达为首，因为它是当时最强大的城邦。第一道防线是温泉关（Θερμοπύλες），这道防线坚固得连只苍蝇都飞不过去，可惜出了叛徒，导致希腊人不得不从温泉关撤退。10年前幸免于难的雅典人被迫撤离，雅典城落入了波斯人手中，被焚烧殆尽。雅典人带上了所有能带的东西跑到周围的岛屿去避难。当时只剩下伯罗奔尼撒半岛还没有落入敌手，泛希腊战争委员会商议在科林斯地峡展开防御。"

"听得我好紧张。为什么我会觉得紧张呢？我明明知道结局是好的啊！"

"雅典人地特米斯托克利（Θεμιστοκής）预测了战争的进展，知道希腊人最擅长的是海战，因此诱导波斯舰队在萨拉米斯海峡（Σαλαμίνα）与希腊舰队开战。雅典的海军在三桨座战船上虎虎生威。船上的将士们并非什么超级英雄，他们只是普通的年轻人，眼看着自己的亲人被驱离，城市被夷为平地，什么都没有留下。除非打胜仗，否则他们将失去一切。最终他们胜利了。希腊人凭着雅典舰队在萨拉米斯海战中取得了胜利，因为在狭窄拥挤的地方，希腊的小船比波斯的大船更容易操纵。端坐在艾加里奥山（όρος Αιγάλεω）上观战的波斯皇帝薛西斯（Ξέρξης）终于因为自大而自尝苦果。"

"哦，但是只是一场海战取得胜利就足够了吗？"

"海战的胜利为希腊赢得了宝贵的时间，没有海军，波斯的补给也到不了大部队那里。希腊的陆上部队得到了蓄力的时间，因此在不久之后的普拉塔亚战役中战胜了波斯的陆上部队。波斯人战败返回，而希腊舰队一路追赶至小亚细亚沿岸的米卡里（Μυκάλη），在那里又一次将他们打败。"

"作为对恶霸的最后一击。"

"战后希腊花了几年时间抚平伤痕，清理希波战争后留下的一片狼藉，而整个希腊也由此生出了另一种自我认同感和优越感。希腊进入了古典时期，同时也进入了高光时刻。古典时期究竟发生了什么使得它成为世界历史上最重要的时期之一呢？"

"在说这个之前，我有一个疑问……你之前说雅典城被付诸一炬夷为平地，我就想到了一个我之前就有的疑问，这个疑问我之前一直没有答案：就是那些古城为什么会被埋在地下那么深的地方？"

问 答

古城和古物为什么会被埋在地下那么深的地方？

"这可能是我最常听到的问题了。答案非常简单，因为人们在同一个地方生活了许多个世纪。"

"我还是不明白。"

"我们再深入解释一下。首先地壳并不稳定，泥土会流动。地壳是由不同材料构成的分层，咱就简单地说是由岩石和泥土构成的吧。有的地方是山脉，有的地方是平原，还有水，很多很多水，要么是海水，要么是对我们更加重要的河水和湖水。自然而然地，这些水也会流动。然后还会下雨，会有山体滑坡，会有河流改变流向漫过三角洲冲刷土地带来的泥沙，还有地震、火山爆发、潮汐运动……总之各种混乱。地形和地貌在不停地变换。这种经年累月堆积形成的泥土层就叫作'地层'。"

"各处的地层都一样吗？"

"不是的。厚度从几厘米到很多米都有。还有人类这个不可控又影响深远的因素。人类居住的地方肯定是适宜生存的地方，要么是在平原，要么是在低矮的丘陵，而且要靠近水源，通常不会轻易跑到那种高耸入云的山上去居住，而是会住在交通更为便利的地方。他们会在居住的区域挖掘、耕耘、挖土、填土，总之就是搬弄泥土以及进行各种建设。几千年来人类都是在有机物质上用有机物质进行建设，比如木头、泥砖、石头。他们改造周围的土地以适应自己的需求。但是人类又是脆弱、粗心且好战的。掉落的一盏油灯、煮饭时的疏忽引发的火灾，或者一次地震、一场敌对种族的攻击，总之可以有成千上万种原因导致一栋房子、一个社区、一座城的毁灭。它们即便没被毁掉，也会由于老化而被拆除，人们会将它夷平再在上面建造新的。"

"但是要打地基的话不需要挖得很深吗？"

"首先，过去打地基并不需要像我们今天建造高楼一样挖得那么深。其次，你有没有试过去到一个古迹，发现各种残破的墙体混合在一起，让人看不明白那处古迹的建筑布局？"

"有的。"

"嗯，发生这种情况是因为你看到的是各种不同阶段的建筑混合在一起了。在此期间，雨水的冲刷、泥土的流动，不论是自然所致还是人为流动，缓慢但不间断且不知不觉地进行着，导致地面开始升高。通过一系列运动，就形成了我们所说的地层。比如在希腊，大部分的城市几千年来都有人居住，就会积聚出许多的地层。但是那些后来无人居住的古城，也是有不同的地层的。"

"那么那些地层全都是很厚的吗？"

"有薄有厚,差别很大。比如说在古典时期就被摧毁的奥林索斯古城,它是建在山顶上的,因此在废弃之后就比较难有大量的泥土积聚,而麦西尼古城(αρχαία Μεσσήνη)是建在山脚下的,几千年来流水的冲刷和泥土的积聚就使得古迹上的土地高出许多,因而这两处的地层厚度是完全不同的。因此有的古城被埋在厚厚的泥土下,有的古城只被少量泥土覆盖,但是有时候还有某些古迹是从未被掩埋的,比如卫城。"

"为什么像卫城这种古迹不会被掩埋?"

"因为它们从未被弃用。雅典卫城在公元前5世纪之后就没被弃用过,没被整个夷平重建过。"

"那在公元前5世纪雅典卫城是被夷平了?"

"正如我们前面所说的,公元前480年波斯人占领雅典的时候首先就将它一把火烧掉了。50年之后人们才又重新建了一座全新漂亮的卫城,从那之后直到现在,它都是古典时期的绝对标志性建筑,而且还远不只如此。"

"这么说,咱们接下来就要说到古典时期了?"

"嗯,对!"

"终于!"

第九章

就如春天到来！

古典时期

"没错!我们终于讲到巅峰时期了!"

"古希腊文明的光辉时刻?"

"那可不是一时半刻!它持续了大约一个半世纪。而且总的来说,它就是古希腊文明的巅峰。"

"为什么呢?"

"最早的考古研究人员和许多后来者都认为这一时期及其取得的成就是古代文明的巅峰,这不无道理。"

"也就是说,古典时期之前或者之后就没有值得一提的成就了?"

"恰恰相反。正如我们前面所说的,我们今天所欣赏到的关于古代的事物，其中有很多是在古典时期之前就已经存在的，还有很多是在古典时期之后才有的。只不过古典时期集中了所有确立古希腊在世界历史上独一无二地位的文化创造。"

"这么说听起来有些空泛，你得跟我说点儿更具体的。"

"我知道。希腊的古典时期，指的是两个世界性历史事件中间的那段时期，这两个事件分别是希波战争结束和亚历山大大帝去世。从公元前480年希波战争结束到公元前323年亚历山大大帝去世的这段时期，我们称为'古典希腊时期'。众所周知，亚历山大大帝对整个世界产生了深远影响，因此我们将他的逝世视为古典时期的终结。"

"那古典时期都发生了些什么事呢？"

"刚开始由于希腊人战胜了当时史上最强大的帝国，他们由此产生了新的自我认知和自信心，各方面都体现了这种自豪感和胜利的喜悦。"

"斯巴达仍旧是所有希腊城邦里边'最重要'的那一个吗？"

"是，但是雅典作为希波战争取得最终胜利的关键因素，后来也成为后起之秀。它与其他多个城邦（主要是岛上的城邦）建立了一个共同对抗波斯的同盟。"

"可是波斯不是已经被打败了吗？"

"是被打败了，但是威胁并没有消失，危机依旧存在，所以大家觉得最好还是做足准备。这个同盟的中心在提洛岛，就是阿波罗的那个圣岛，因此这个同盟被称为'提洛同盟'。可是由于雅典在同盟中常常是发号施令的角色，并且后来还把同盟的金库从提洛岛转移到了雅典，因此这个同盟也被称为'雅典同盟'。说真的，看起来雅典对它的盟友并不友好，简直就像挤柠檬一样在压榨它们。"

"怎么说？"

"对很多的城邦和岛屿来说，同盟的会员费，也就是加入同盟所需支付的税费，也是非常繁重的。而如果某个城邦想要退出，唉……通常也是无法退出的。雅典军队会向其展示军事力量，迫使它继续留在枷锁之中。总的来说，雅典在整个爱琴海实施着霸凌行为。"

"也就是说，我们对古典时期雅典的印象是错误的？"

"也不是错误的，只是片面了。没有什么事物是纯粹好的或纯粹坏的。而且事实上，古典时期的雅典确实是一个伟大的城邦。"

"伯里克利的黄金时期是在这一时期吗？"

"就是这一时期。在雅典荣耀和力量的巅峰时期掌权的就是这位名垂青史的魅力型政治家，来自浩腊戈斯（Χολαργός）的伯里克利。他的母亲阿加丽斯特是阿尔克马埃翁家族的后裔。你还记得这个家族吗？"

"就是推翻了雅典僭主的那个有钱的贵族世家？"

"对。传说阿加丽斯特怀孕的时候梦到自己生出了一头狮子。你知道这个传说想要传达的'言外之意'吧？"

"她真的梦到了吗？"

"别傻了。很多时候,领导者放出这样的信息就是为了提升自己的名望。当然了,后来有人嘲讽他,说他母亲的这个梦预示着他生下来就是畸形的。据说他的颅骨很大,所以在所有的肖像中他的后脑勺都戴着一个头盔。不论如何,伯里克利是一个很有野心的政治家,他和'交际花'阿斯帕齐娅(Ασπασία)有过交往,据说阿斯帕齐娅对他有着非常重要的影响。她应该是一个不仅受过教育,而且异常聪慧的女人。"

"话虽如此,但是……'交际花',也就是'妓女'?"

"'交际花'不是你所说的'妓女'!她们是受过教育,不想过社会上那种常规婚姻生活的自由女性。一方面,她们生活在当时的'世俗约束'之外;另一方面,她们也接受并敬重知识分子圈里的那些强大的男人。当然了,由于没有其他获取生活来源的方式,她们会收取费用,不论是精神交往还是肉体交往。"

"我听说过阿斯帕齐娅,但没听说过其他的'交际花'。"

"另外一个著名的'交际花'是芙里尼(Φρύνη),她过着非常戏剧性的生活。她出生在维奥蒂亚(Βοιωτία)一个小村庄,但是很早就背起行囊来到雅典淘金。据说和她睡觉的费用非常昂贵(甚至一个晚上就高达百倍日薪),而且她越不喜欢一个人,就收得越贵。但是对于穷困潦倒的第欧根尼[①](Διογένης)——他住在一个木桶里,你能明白他有多穷了吧——芙里尼无偿提供了

---

① 古希腊哲学家,犬儒学派的代表人物。——编者注

服务，因为她欣赏他的学识。"

"她是一个漂亮的女人，对吧？"

"应该是个货真价实的大美女。在一场海边的庆典中，芙里尼为了降温，当众脱了衣服赤身裸体跳入水中。画家阿佩勒斯（Απελλής）看到了这一幕，受到启发而创作了《爱神从海中诞生》(η Αναδυόμενη Αφροδίτη)。另外，有段时间她和雕刻家普拉克西特利斯（Πραξιτέλης）交往，普拉克西特利斯受到她的启发，创作了古代第一座裸体女性雕像《克尼多斯的阿佛洛狄忒》(η Αφροδίτη της Κνίδου)。这座雕像让人大为震撼，一完工就成了经典。后来人们把芙里尼送上了雅典的法庭，指控她给年轻的女孩们树立了不良的榜样。传说在审判过程中，她的律师扯掉她的衣服，让她赤身裸体，结果她那超凡脱俗的外表让陪审员们目瞪口呆，当即判她无罪；另外一个版本是说芙里尼与所有的法官一一握手，请求他们判她无罪，因此他们就判她无罪了。"

"就只是因为她碰了他们一下？"

"被她碰一下足矣，她可是'阿佛洛狄忒'。"

"看来我们的古代祖先很爱美啊。"

他狡黠一笑。

"哎，这其中也有一些迷信的成分，他们认为美是神的祝福，丑是神的惩罚。听起来很荒谬吧？你以为就这样而已吗？迷信的事情只有更荒唐，没有最荒唐！曾经有一种离奇的祭祀，叫'牛祭'，祭祀中必须在卫城上杀一头牛。但是因为牛是农业生产中的帮手,是耕地和生存的必需品,杀牛是被禁止的。因此,人们就在卫城里的神坛上撒上一些种子,然后松开牛绳,任何一头牛跑去吃了神坛上的种子,这头牛就自动被判定为'冒犯'了神祇,因为它吃了神坛上的种子。因此,这头牛必须被处死!但是也不能公开处死。于是所有人都必须离开,装作完全不知道接下来会发生什么事的样子,只留下一名带着斧头的祭司。杀了牛之后,祭司丢掉斧头跑开。其他人返回来,看到牛已经死了,但是凶手不见踪影,凶案现场只留下一把斧头,因此,他们就判定斧头是凶手。这样就皆大欢喜了。"

"这都是什么超现实主义戏剧!他们明明什么都知道!"

"你瞧吧,你没想到这种事会发生在民主制发源地吧?尽管人们会欢庆那诸多伟大的成就,比如:'苏格拉底你是超级巨星''美好的哲学啊是你为我铺平了道路''雕刻家请雕出我的身体塑像来献祭'……古人是非常迷信的,他们甚至相信没有灵魂的物体也会有自己的意愿,甚至会遭受惩罚。下次你要是打印东西的时候碰上打印机没反应,你就可以像古希腊人做的那样:气冲冲地拍它。"

"震惊!古人们竟会在卫城上做这种事?那我们还把卫城看作是高等文明的标志?"

"因为它确实就是标志啊!上面的古迹是真的很不可思议。卫城是古典时期雕刻和建筑的巅峰之作。"

"为什么啊?"

"你看啊，在收了各个同盟国的钱财之后，雅典决定用来装点自己。伯里克利开始了一个工程建造计划——在整个阿提卡修建楼房，包括苏尼昂（Σούνιο）、厄琉息斯、雅典古市场的赫菲斯托斯神庙等。整个阿提卡就是一个大型建筑工地。这个计划的最主要部分就是雅典卫城的整体翻新，尤其是在卫城上建造有史以来最趋于完美的建筑——无与伦比的帕特农神庙。"

"为什么帕特农神庙比其他的古代神庙更高级？"

"有很多原因。首先，整座神庙都是用大理石建造的，包括屋顶。而且用的不是什么次等的大理石，而是彭代利大理石——那种最好、最洁白、如冰雕玉砌般在眼中闪耀的大理石。"

"哦，能有多好？几年前我去拜访从澳大利亚来的亲戚时看到过，当时就觉得它不是纯白的。质量要真有这么好的话，还会随着时间的流逝变成粉灰色的？为什么没能保持白色？"

"彭代利大理石里边含有铁元素，所以带有一种柔和的粉灰色调，将整座神庙映衬得更加美丽。比如苏尼昂的波塞冬神庙，用的是阿格利雷札的大理石，这种大理石不含铁元素，所以依旧保持着洁白的颜色。当然了，波塞冬神庙适合用这种大理石，因为白色的神庙和蓝色的爱琴海形成了鲜明的对比。"

"你跑题了，考古学家！说什么苏尼昂呢，咱们在说帕特农神庙呀。"

"对对对，我继续。其次，普通庙宇的正面和北面，也就是两个窄面，通常各使用6根柱子，而帕特农神庙各用了8根，这样能为整栋建筑撑起更大的空间。相应的，普通庙宇的两个宽面通常各用 15 根柱子，而帕特农神庙各用了 17 根。"

"虽然你说了一堆数字，但是听到现在我还是没什么感觉。"

"好吧，但是下面这个信息肯定能让你印象深刻：古代的工匠们知道彭代利大理石吸水后会'变大'、在开采出来的几年内会膨胀，因此在石头接壤的地方留了缝隙，这样等几年后大理石最终成了型，石与石之间的缝隙会完美封闭，密不透风！在现代修复过程中，当工匠们不得不将那些从古至今没有挪动过的石头分开的时候，他们发现中间那些用来连接各部分石头的木榫甚至还保留着木头的香气。"

"哇哦！"

"不仅如此，还有第三点，帕特农神庙比其他的庙宇拥有更多更好的雕刻装饰。事实上，它是唯一所有的排档间饰都用浮雕装饰的神庙。"

"什么是排档间饰？"

"我给你解释一下。最早的时候，庙宇的柱子上支撑的那一部分上面有一个形状，是位于柱子正上方的 3 条垂直竖线。"

"对。"

"这些叫作'三角槽排档'。在早期用木头建造的庙宇中，那是用来支撑屋顶的木梁末端露出来的部分。后来换成用大理石建造庙宇了，但是这个形状被作为装饰保留了下来。"

"那排档间饰呢？"

"排档间饰是用来填补三角槽排档的方形板。为避免看上去太过空白乏味,人们就开始对这种方形板进行装饰。这么大尺寸的方形板可以雕一些图案,人们就开始用这种方形板来讲述一个故事。而帕特农神庙的排档间饰数量可不少,足足有92片,上面布满了各种绝妙的图案。"

"都有什么图案?"

"东面主入口的排档间饰刻画的是巨人之战,也就是奥林匹亚众神战胜天地之初的原始力量的场景,你可以将它视为秩序和神力战胜了原始混沌。南面的排档间饰板刻画的是半人马之战,人类与半人马之间的战争,也就是人类战胜了原始怪物的场景,我们可以将其理解为'文明的人类战胜了野蛮的自然'。北面的排档间饰板刻画的是特洛伊战争,希腊人第一次充满传奇色彩的远征,这是祖先的荣誉,也是被歌颂得最多的一个故事。西面的排档间饰板刻画的是亚马宗之战,讲述亚马宗人从亚洲远征而来想要占领雅典,但最终在卫城下被打败的故事。这个神话故事非常契合当时雅典人刚经历过不久的真实历史,当时负责建造帕特农神庙的那代雅典人的祖父一辈,便是经历了波斯入侵并成功抵御威胁的那一代人。"

"这些就是帕特农神庙的著名浮雕吗?"

"这些还只是排档间饰而已,这座神庙还有更多更重要的浮雕。咱们来具体聊聊三角楣饰吧。"

"三角楣饰又是什么?"他叹了口气。

"三角楣饰就是指两片屋顶夹角形成的三角形，每座庙宇的正面和背面都有三角楣饰。帕特农神庙的东面三角楣饰展现的是雅典娜从宙斯的脑中诞生的场景，因为东面是神庙的正门，西面的三角楣饰展现的是雅典娜为了保住雅典而与波塞冬进行的战争。这些浮雕各个角度都雕刻得完美无瑕，甚至连背面都是如此，哪怕摆到高高的神庙顶上、哪怕背面根本就不会有人看见，它们也始终如一的完美。当然了，这些浮雕都在很大程度上被破坏了，而且有很大一部分目前还流落国外，尽管希腊政府一直在要求这些国家正式归还。"

"为什么帕特农神庙的浮雕能引起这么多喧嚣？"

"这些浮雕创作对雕刻艺术来讲，已经脱离了古风时期的创作模式，转头开创了新的道路，而且是由著名雕刻家菲狄亚斯（Φειδίας）的工坊雕刻出来的。另外还有那条巨大的精美绝伦的檐壁饰带，就是神庙中间那一长条浮雕带，上面展现了泛雅典节庆游行活动，每一个人物形象都各不相同，全部是精雕细琢而成的。神奇的是，本来只有爱奥尼亚建筑风格的庙宇才有檐壁饰带，多利安建筑风格的庙宇是没有的，但是帕特农神庙尽管是多利安风格建筑，它却有檐壁饰带。帕特农神庙就是这么有个性！可以说是独一无二！而且它的排档间饰、三角楣饰和檐壁饰带上的每个形象都各不相同，还不仅如此……"

"还有其他的？"

"帕特农神庙的每一个尺寸都遵循4∶9的比例。比如宽度和长度的比例、高度和宽度的比例等，都是如此。另外，帕特农神庙是没有直线的，所有的线条都微微弯曲，这样肉眼看过去才呈一直线。我们把这种设计称为'视觉矫正'，这里的视觉矫正设计精度精确到了毫米。"

"要完成这么精细的工作得需要很多年吧？"

"这就是帕特农神庙令人惊叹的地方了，我的朋友，因为它只花了9年的时间就建成了。再加上完成全部装饰所花的6年，修建这个有史以来最完美的建筑只花了15年的时间。参与建造的不仅仅有雅典人，还有成千上万在雅典生活的各行各业的希腊人，有移民，有自由民，也有奴隶。所有人领的报酬都一样，甚至连协助搬运的动物也一样有报酬。有一头老驴子，在干到再也搬不动之后，人们通过投票，给了它一项具有象征意义的荣誉，就是由市政厅来喂养它，这项荣誉原本只有做出贡献的人、正式受邀的人和体育竞技赛的获胜者才能享有。"

"好的，我明白了，帕特农神庙是一个令人惊叹的存在，所以显得古典时期的雅典非常重要？"

"那是你以为！实际上根本不是这样的！最主要的原因在于当时流行的文化组织。"

"什么意思？"

"当时戏剧已经蓬勃发展起来了，现今仍然为世人所追捧的悲剧，最早是在卫城山脚下上演的。每年雅典人都在一个叫作'大酒神节'或者'城内酒神节'的春日节庆上聚集（在城外郊区的各个不同地方也有小型酒神节），他们把甜品装在马褡子里，从早到晚在卫城山脚下到处晃悠，连续几天整天观看不同的戏剧作品，最后投票评选出他们最喜欢的那一部。获胜的戏剧制作人会得到一个三脚架。"

"这叫什么奖品！一个三脚架能用来做什么？"

"为什么非得用来做什么？今天的奥斯卡小金人赢来了之后能用来做什么？难道用来做厨房的门挡，免得刮风的时候门被甩上？除了象征意义它还有其他什么价值吗？同样地，获胜作品的制作人能够自豪地将这个三脚架树立在特里波顿大街（Οδός Τριπόδων）上。"

"就是现在这条特里波顿大街？"

"对，就是同一条街，在卫城下面的普拉卡的那条街。"

"你知道吗？我之前在哪里看到过，说在希腊古典时期之前世界上的其他很多地方就已经有宗教戏剧表演了。"

"没错。"

"那为什么我们还能说戏剧是在我们这里诞生的呢？"

"原因很简单，因为那些宗教戏剧是特定的，而且是固定重复的。但是在古雅典，诞生了人类历史上第一次出现的剧本。观众不知道剧情将如何发展，他们可能知道他们观看的是什么神话故事，但是对于对白、故事的发展以及情节将以何种方式展现出来，观众之前是完全不知道的。而且故事里还包含了情绪。戏剧在古典时期由三位伟人发展成为真正的戏剧，他们分别是埃斯库罗斯

（Αισχύλος）、索福克勒斯（Σοφοκλής）和欧里庇得斯（Ευριπίδης）。"

"为什么说他们是伟人？"

"咱们一个一个说。"

"啊，别了，不要！我会听烦的。"

"你不会听烦的，我向你保证！他们非常有趣，你先别急着拒绝。三人中的第一位是埃斯库罗斯，他曾经是一名在葡萄园工作的普通工人。他有一个兄弟叫居奈基罗斯，是一个充满活力的年轻人，这个兄弟在马拉松战役中因为冲出去拦截想要逃离的波斯战船而英勇战死，因而非常出名。"

"就是波斯人为了逃离而将他一刀一刀砍成几块的那个人？"

"就是他。他还有另外一个兄弟，在萨拉米斯海战中也是驾船冲在最前面去袭击波斯舰队的。"

"啊，这样啊。果然是彪悍的家庭，人以群分。"

"你也可以说是英勇的家庭。不过埃斯库罗斯只是参加了战斗，并没有什么过人的表现，至少没听说过有什么过人的表现，他的才能表现在其他方面。据说有一天晚上酒神狄俄尼索斯出现在他梦中，要求他写戏剧。这个年轻人醒来后诚惶诚恐，立马开始写他的第一部作品。他注定要成为一个著名的悲剧诗人。"

"诗人？你不是说他写的是戏剧吗？"

"我们把古代的戏剧创作者叫作'悲剧诗人'，一方面是因为他们所写的戏剧是悲剧，另一方面是因为他们的戏剧不是用日常白话写的，而是用韵文写的，因而是诗。埃斯库罗斯被誉为'悲剧之父'。"

"你之前说的悲剧之父不是另一个人吗?叫狄斯比斯?"

"是,但是埃斯库罗斯改变了规则,他让每位诗人都呈现一组三部曲,还在表演中加入了第二位演员,让情节产生互动……"

"什么!在那之前演员都是单独出场的吗?"

"对,单独出场与歌舞队互动。埃斯库罗斯增加了第二个演员,让情节变得更有趣,还增加了演出服装、场景布置以及其他各种细节。"

"好吧,埃斯库罗斯确实伟大。那另外两位呢?"

"第二位伟大的悲剧诗人是索福克勒斯,他进一步推动了戏剧的发展。他又增加了第三名演员,并且在他的作品中开发了不同的角色。"

"又增加了第三名?会不会有点儿挤了,哈哈。"

"他比其他任何一个悲剧诗人获得的奖项都要多。"

"那第三位呢?"

"从时间上来看第三位是欧里庇得斯。他在戏剧中加入了'机械降神',他的作品远离了神话中那些伟大的英雄,而是聚焦在凡人本身并且非常注重角色的心理刻画,第一次在观众眼前呈现了一场真正的心理剧。"

"什么是'机械降神'?像我们做软冰激凌一样吗?"

"是啊是啊,它还自行降温呢——你在想啥呢,朋友!古代的戏剧都是充满了各种混乱和纠缠的,各种事件以各种不好的方式纠结在一起,因为那是悲剧,不是情景喜剧。所以在某一刻,就必须出现一位神祇来指引解决之道,终结这一团混乱,或者至少避免某种情况发生。所以戏剧表演过程中就需要有一种机关,能让演员扮演神祇凭空出现。"

"比如吊塔?"

"比如吊塔,或者活动门,一打开——'铛铛'——神出现了,说:'暂停一下,让我来理出一个头绪,你们应该这样这样做。'"

"这种解决办法看起来有点儿轻率啊。你可以随意写出各种纠缠的情节,然后搬来一位神祇就行,换句话说就是你先故意捅了一堆娄子,然后由神祇来收拾烂摊子呗!"

"是啊,所以使用这种方法的时候要非常慎重。一些要求严格的观众已经开始吐槽了,不过我猜大部分人看到神祇出来干预通常只会松一口气而已。"

"哈哈,所以说那时候就已经有一些品味比较高的戏剧爱好者了。也就是说,古典时期的雅典被称为'古希腊文明最伟大的存在'是因为它有帕特农神庙和戏剧?还有其他的吗?"

"你觉得还不满意、还不够对吧?我会让你满意的!当然不只有这些。当时希腊其他所有城邦的能人都开始聚集到雅典来,有科学家、历史学家、艺术家。"

"真是人才济济。可是为什么要来雅典呢?"

"首先,因为雅典已经推行了民主制。民主需要什么?对话和说服。因此,演说、表达和辩论有史以来第一次获得了崇高的地位，诡辩术和修辞学得到了推崇。"

"所有这些都只发生在雅典吗？"

"不仅仅是在雅典，只不过大部分发生在雅典，但这并不代表其他地方就没有类似的思想发展。比如说，西西里岛（Σικελία）的叙拉古就是修辞学创始人之一科拉克斯（Κόρακας）的故乡。"

"乌鸦？"[①]

"是'科拉克斯'。关于他还流传着一件轶事。有一次，一个叫提西亚斯（Τεισίας）的人找到他，对他说：'老师，我现在没钱，不过请你教我，等我打赢了第一场官司赚钱了就付学费给你。'科拉克斯同意了，便收他为徒。但是提西亚斯学会了修辞学之后一次也没有上过法庭，所以科拉克斯一直没有收到学费。后来科拉克斯把提西亚斯告上法庭，主张说不论如何提西亚斯都得支付学费，因为如果提西亚斯输了，那么他得依法支付学费，如果提西亚斯赢了，那么他也就赢了第一场官司赚了钱，照样得支付学费。提西亚斯却说不论哪种情况他都不需要支付学费，因为如果他赢了，那么他必须尊重法院的判决而不必支付学费，而如果他输了，那么他就没能从这第一场官司中赚到钱，照样不需要支付学费。法官们没法下判决，只能说一句'歹竹出不了好笋'。"

"那哲学呢？也是在雅典发展起来的吗？"

"正如我们前面所说的，早期的哲学家最早出现在各个殖民

---

① "科拉克斯"在希腊语中是"乌鸦"的意思。——译者注

地，他们是自然哲学家，关注的是自然世界的起源。但是现在已经到了人类开始思考各种哲学问题的时候了：关于自然，关于人类，关于社会，关于爱情，关于死亡。那么在古典时期，哪里才是发展哲学的理想之地呢？"

"要我说还是雅典，就是这个明显的答案对吧？"

"说得没错。在雅典，人们发展出了新哲学。你最好记住三位伟大的哲学家。"

"又是三人组？"

"他们是苏格拉底、他的学生柏拉图，以及柏拉图的学生亚里士多德。"

"我还在苦记埃斯库罗斯、索福克勒斯和欧里庇得斯呢，你现在又要我按顺序记住另外三个人？"

"想按顺序记住这三个人，你只需要记住'SPA'就好了，是他们各自英文名字的第一个字母。① 你想啊，哲学是什么？不就是一次'灵魂的SPA（水疗）'嘛！苏格拉底是最伟大的雅典哲学家，由于他影响了柏拉图，柏拉图又影响了亚里士多德，而柏拉图和亚里士多德两个人又影响了后来的哲学家们，因此我们可以说苏格拉底是所有人的老师。"

"苏格拉底的哲学著作这么重要？"

"苏格拉底没有任何著作，他只是讲述了他的哲学思想，口

---

① 苏格拉底、柏拉图、亚里士多德的英文名字分别是"Socrates""Plato""Aristotle"。——编者注

授而已。"

"啊？那我们怎么知道他说了什么？"

"他的学生们——主要是柏拉图和色诺芬——为他进行记录。当然了，很有可能第一个想要记录苏格拉底言论的人并不是他的学生，而是一个鞋匠，叫西蒙纳斯（Σίμωνας）。"

"鞋匠？做鞋子的那种鞋匠？"

"你瞧啊，苏格拉底喜欢跟思维新颖的年轻人交谈，因为年轻人总能在交流过程中提出疑问，在听的时候也是头脑清晰，不会混乱。那时候没有服过兵役的年轻人是不能进入雅典古市集的。"

"哈哈，原来'当兵让你成为真男人'这种观念从那时候就有了啊！"

"所以年轻人们都在市集边上的各种店里聚会。西蒙纳斯的鞋店正好就在市集边上。尽管苏格拉底是打赤脚的，但是他常常去那家鞋店——不过肯定没在那里消费就是了——一帮小年轻们就聚集在那里和他一起交流讨论。西蒙纳斯好像是第一个想到'哇，他说得真好……也许我可以把他说的话记录下来，这样我们才好记住'的人。当然了，为苏格拉底做记录的那些学生没有一个提到西蒙纳斯。"

"为什么会这样？"

"也许是因为嫉妒，也许是因为疏忽。但是再后来的作家们提到了西蒙纳斯。关于这个人以及他所写的文章是否存在这件事在以前是受到质疑的。不过你瞧，考古学处处充满惊喜。因为在雅典古市集的发掘过程中,在它的边上发掘出了一栋建筑,里边有一些小骨环,可能是用来系鞋带的,还有一些钉鞋底的小钉子……还有一个上面带有铭文的陶瓶,铭文的内容是'这个陶瓶属于西蒙纳斯'。因此,很有可能这栋建筑就是苏格拉底聚会的那个鞋店。"

"为什么苏格拉底这么出名呢?"

"因为苏格拉底远不只是一个普通哲学家那么简单。首先——虽然现在要提到的这一点跟哲学无关,但是可以让你更加全面地了解这个人——他是一个非常勇猛的战士。他曾参与一场战役,当时雅典人败退了,他的战友色诺芬——这个人也是他的学生,后来成了历史学家——在撤退中坠马受了伤,苏格拉底把他扛在肩上,将他从敌人的屠刀下救了下来!同时他也是一个说起话来一针见血的人。有一次某个人问苏格拉底:'你说我要不要结婚呢?'他的回答是:'不论你选择哪一种,最终都会后悔。'还有一次苏格拉底请人到家里来做客,因为他们家很穷,他的妻子羞于在马棚里接待宾客,所以感到非常惶恐。这时我们的哲学家冷静地对她说:'如果他们是好人,就不会在乎我们的家境,而如果他们在乎我们的家境,那么他们就不值得我们在乎。'"

"换成是我我也会这么说的。"

"最后,由于苏格拉底敢于质疑而且又非常聪明,让那些保守的雅典人非常头疼,最终他们将他送上法庭并判处了死刑。他的一个朋友对他说:'你死得可太冤了。'而他冷静地回答道:'难道你更希望我死得不冤吗？'"

"可是为什么会有人想要起诉苏格拉底呢？"

"原因有很多，而且这场起诉也引发了热议，但是你想啊，这场审判的起诉者并非只有一人，而是有三个人，其中迈雷托士（Μέλητος）和吕康（Λύκωνας）这两个人我们知道得不多，而第三个人，阿尼图斯（Ἄνυτος），这位皮革商对于苏格拉底一直给他施压让他放儿子去学习这件事感到非常困扰。"

"他不想让他儿子去学习？"

"嗯，他想让他儿子和他一样当个皮革商。苏格拉底招惹过错误的敌人，也交往过错误的朋友。比如，人们指控他曾经和克里提亚斯（Κριτίας）做朋友，而克里提亚斯曾经是一个被流放的投机分子，后来在雅典独裁统治期间摇身一变成了'雅典三十僭主'的领袖，不经审判就处决了所有他不喜欢的人。"

"那苏格拉底还和他做朋友？"

"那个时候已经不和他交往了，两个人闹掰了，分道扬镳了。但是由于苏格拉底在提到'三十僭主'的时候口无遮拦，所以克里提亚斯颁布了一条法令，禁止30岁以下的年轻人和苏格拉底说话。"

"那苏格拉底怎么回应？"

"他笑了笑，说：'这么说的话，要是面包师是个年轻人，我甚至都不能买面包了？'"

"既然他们都已经闹翻了，为什么人们还要对他们曾经的友谊提出指控？"

"因为比起伤害他的身体，毁掉他的名声更有杀伤力。无论如何，苏格拉底的思想对他的学生们产生了十分重要的影响，其中最出名的就是柏拉图。"

"哦，那你说说柏拉图呗。"

"柏拉图是苏格拉底的学生中比较强壮的一个，他身材魁梧，所以叫'柏拉图'①。传说，当柏拉图还是一个睡在摇篮里的婴儿的时候，就有蜜蜂飞过来轻轻地停在他的嘴唇上，这预示着他的双唇将向世人说出甜蜜的话语。"

"这一个个的都从小时候起就有着各种传说，就没有人小时候只会尿裤子吗？"

"我也没说他没尿裤子啊。但是反正他长大后，在他的老师苏格拉底死后，他成了苏格拉底最有名的学生，并且最终让他的老师也声名远扬，因为在他的大部分著作中，主角都是苏格拉底。因为柏拉图的著作并不是干巴巴的哲学论著，而是以对话的形式写成的，像小说一样。在雅典郊外的田野上，英雄阿卡德摩斯（Ακάδημος）的庙宇附近，一个绿草如茵的地方，柏拉图创立了世界上第一所正式的哲学学校——阿卡德米学院（Ακαδημία）。"

"那你能简单概括一下柏拉图的哲学说的是什么吗？"

"柏拉图的哲学并不简单，无法用寥寥数语进行概括，否则就是断章取义。而且在他的有生之年，他还对他的哲学学说进行

---

① "柏拉图"（Πλάτωνας）这个名字源自单词"πλατύς"，即"宽广厚实"的意思。——译者注

了改进和调整。"

"哦，说一说嘛。关于柏拉图，有什么是我必须记住的？"

"如果你想要记住和柏拉图相关的知识的话，我推荐'洞穴之喻'。它解释了为什么人类会做蠢事，以及为什么这种行为很难克服，还有为什么人类总有保守的倾向且惧怕新生的事物。"

"说来听听！"

"假设我们所有人都生活在一个洞穴里，所有人都被铁链锁住了，只能看到眼前的墙壁。在我们头上高高的洞口处有一个火把在燃烧，各种不同的东西从火把前面经过，火光将它们的影子投射在我们眼前的墙壁上。就这样，我们对世界唯一的认知就是眼前的这些影子。假设现在有一个人想向你展示真相，他解开了你的锁链，开始让你往地面上攀爬。由于你之前一直坐在阴暗潮湿的洞穴里而且营养不良，所以最开始的攀爬会让你的身体酸痛难耐，异常痛苦。在经过千辛万苦之后，你终于到达了出口。洞口的火光刺痛了你的眼睛，你感到一阵眩晕。你忍受着攀爬带来的疼痛和双眼的不适，好不容易熬过了这一切，接下来会怎么样呢？你之前所以为的真实事物只不过是扭曲的影像，跟你现在的所见完全不同。你大为震惊，觉得自己肯定是疯了。感知真相是一件沉重的事。就算你连这个也承受住了，没有发疯，但是你会想：'哎呀，我得唤醒那些仍旧生活在谎言中的人们！'于是你重新爬进洞里想告诉他们真相。你的双眼因为已经适应了火光，所以在黑暗中已经不能视物了。你跌跌撞撞地爬着，而其他人的眼睛因为适应了没有光的环境，所以他们能够看见。他们会听信你在那里胡言乱语，质疑他们这辈子已经认定的事吗？你算什么东西，敢来质疑他们的真理和他们一生所信仰的影子？然后你终于消停了，不知道他们会怎么对待你。理所当然地，他们会对你视而不见，甚至会怨恨你。这就是'洞穴之喻'的大意了。如果你想要更多地了解柏拉图，就必须深入研究他的哲学。从那个时期开始，哲学变得复杂了。"

"因为苏格拉底和柏拉图吗？"

"还有三人组的第三个人，亚里士多德。"

"亚里士多德跟另外两个人是同一个地方的吗？"

"并不完全是。亚里士多德的祖籍是斯塔基拉（Στάγειρα）的安德罗斯殖民地（Αποικία της Άνδρου）。尽管他自幼父母双亡，但是他家里非常有钱，因此他能够到柏拉图的阿卡德米学院学习。虽然他没能在柏拉图死后继任，但是马其顿的腓力二世给他提供了一份出乎意料的工作，为马其顿的王位继承人亚历山大开办一所'私人学校'。"

"他接受了吗？"

"接受了，作为回馈，腓力重建了亚里士多德的故乡，这座城市之前正是被腓力毁掉的。"

"哎呀妈呀！那他真的开办了一所只有一个学生的学校？"

"这所学校是为亚历山大开办的，但他并不是唯一的学生，马其顿所有贵族家庭的孩子都来这里上课。这一代人毕业后，在亚历山大大帝将要远征横扫全世界的时候，亚里士多德关闭了北方的这所学校，并在雅典的吕克昂（Λύκειο）开办了一所拥有更加宽敞的广场的新学校。亚里士多德涉猎非常广泛，对哲学、动物学、植物学、政治科学、诗歌、音乐和戏剧都有研究，基本上他对所有的一切都充满了好奇。可以说他是第一位全能科学家。可惜他的那些著作都失传了！现今存留下来的他的作品里最好的部分其实是他为学校的学生准备的课件，类似于课程笔记之类的东西。"

"你这是在讲哲学课吧！你不是应该给我讲考古学吗？"

"没错，我马上就给你讲。古典时期的艺术，尤其是雕刻艺术，发生了一些重要的变化。雕像看上去不再带着那种诡异的古风式微笑，就是近乎嘲讽的那种微笑。这个时期的雕像看起来更加端庄严肃，因此，这个时期的雕刻艺术风格称为'严肃风格'。但还不仅仅是这样。"

"还有其他的变化？"

"我不记得有没有跟你说过，总体来说，古希腊的艺术风格并不是十分稳定和保守。艺术家们时而会厌倦同一种风格，因而艺术风格时不时就会改变和进化。从时间上粗略估算的话，大约每25年就会变化一次。"

"为什么是每25年？有什么原因吗？"

"原因非常简单。每一代新生艺术家都会保留他们老师所传授的知识里他们最喜爱的部分，并且努力去超越它，去进行更好的创造。那个时期的雕像已经脱离了古风时期的形式和类型。事实上，他们在雕刻中发明了'contrapposto'。"

"你瞧瞧！你总是这样抛出一个术语，搞得好像这是世界上最不言而喻的东西一样。光是希腊语的术语我都记不住，你还给我说拉丁语的……我的脑子要爆了！"

"这个词的意思是'对立式平衡'，也就是'相反的姿势'。如果你去看那些古风时期的雕像，会发现它们都是僵硬地站立着的。而这时的雕像的站姿不再像之前那样笔直呆板、毫不自然。雕刻家将雕像的身体重心放在其中一只脚上，让另一只脚呈放松的姿态，双肩微耸，这样身体两侧的姿态就是不同的，两侧的姿势相反。大概就像我们在银行排队时站着的样子，就是一种自然的体态。这个时期的雕刻家可以雕刻出任意形态的身体。举个例子：古风雕刻家阿格拉达（Αγελάδας）。"

"你是在开玩笑吧，怎么可能有人叫'奶牛'①这个名字？"

"这还就是真名，我的朋友！虽然名字不好听，但据说他是一个杰出的雕刻家。据说而已，我们无从考证，因为没有任何关于这个人的东西遗留下来。这个人虽然是古风艺术家，但是他的所有学生都是古典艺术家。其中最著名的包括创作了《帕特农神庙浮雕》（γλυπτά του Παρθενώνα）的菲狄亚斯，创作了著名的《掷铁饼者》（Δισκοβόλος）的米隆（Μύρωνας）——从这尊雕像你可以看到这个运动员是如何像鳗鱼一样扭动身躯准备投掷出铁饼，好在

---

① "阿格拉达"在希腊语中有"奶牛"的意思。——译者注

他的崇拜者们面前惊艳一把——还有波里克利托斯（Πολύκλειτος），他有一个非常出名的雕像，叫《荷矛者》（Δορυφόρος）……"

"什么？卫星①？"

"不是，不是绕地球旋转的那个。因为雕像手持一根长矛，所以叫作'荷矛者'！这尊雕像自创造出来之后被复刻了成千上万次，它的身体比例被认为是人类身体的黄金比例。波里克利托斯还为此写了一本书，不过那本书失传了。后来还有一个小波里克利托斯，就是建造了著名的埃庇道鲁斯剧场（Θέατρο της Επιδαύρου）的那个，有可能是这位雕刻家的儿子。既然提到了'建造剧场'，顺道也跟你说一下，很多建筑师都写了跟他们的作品相关的书，建筑师自古以来也是一份光辉荣耀的职业。比如说，有个叫泰奥多勒斯（Θεόδωρος）的建筑师，就是建造了德尔斐的托洛斯②（Θόλος των Δελφών）那座神秘、圆形建筑的那个人，他就写了一本书。"

"那本书有保存下来吗？"

"很可惜没有，这本书失传了。"

"所以，我们完全不知道这座圆形建筑究竟是用来做什么的？"

"目前还不知道。埃庇道鲁斯（Επίδαυρος）那边也有一栋同样的圆形建筑。那是我们刚刚提到的建造了剧场的那个小波里克

---

① "荷矛者"在希腊语中有"卫星"的意思，还有"古代持矛人"的意思。——译者注

② 中文里普遍把这座建筑的名字翻译成"雅典娜神庙"，考古学界也有部分专家认为这就是雅典娜神庙。但是因为本书作者持"这座建筑用途不明"的观点，所以这里采取音译的方式。——译者注

利托斯建的,但是关于这栋建筑的用途我们知道得也不多。"

"那个时期的建筑照样还是用那种经典的柱子吗?"

"那些不叫经典的柱子。"

"随便啦!就是你之前跟我说的多利安风格柱子和爱奥尼亚风格柱子。"

"主要是这两种,但是古代第三大柱式——科林斯柱式——也在古典时期被创造出来了。传说雕刻家卡利马科斯（Καλλίμαχος）在科林斯的郊外游荡的时候看到了一个小女孩的坟墓……"

"哎妈!他居然到墓地去散步?是受了什么刺激吗?"

"我理解你的疑惑,但是你看啊……古代的墓地是设在城外的。一方面,因为很多人死于传染病,这样做能够防止疾病的传播;另一方面,因为人们觉得死亡是晦气的,会带来厄运,因此活人必须要远离死人的世界。但是因为死者都是祖先和亲人,无论如何必须进行供奉,因此死去的人通常会被埋在通往城里的路边,所以古代墓碑上的碑文有很多是写给路人看的。此外,在战争频繁的古希腊,如果一方敌人想要毫无底线地给对手造成实实在在的打击,他们就会毁掉对方的墓地——埃托利亚人就是这么对待马其顿人的;或者将对方墓地中的死人迁到别处去,也就是掘墓抛尸——雅典人就是这么对待提洛人的。不过,总的来说这种情况很少发生,因为这被认为是严重的亵渎。"

"听得我毛骨悚然。咱们还是回到卡利马科斯在科林斯散步这件事上吧。"

"卡利马科斯在科林斯散步的时候路过了一个小女孩的墓，看到上面放着一个锥形的篮子，篮子里装着这个孩子生前来不及享用的玩具和个人物品。那个篮子应该已经被留在那里很多年了，这座荒墓周围的植物都已经长到了篮子上，爬藤的叶子爬满了篮筐。据说卡利马科斯受到这个画面的启发，创造出了古代最为精美的柱头——科林斯柱头。"

"也就是说，如果我没有理解错的话，战后的古希腊进入了疯狂发展的时期。"

"非常正确。希波战争之后的50年，艺术、科学和贸易经历了飞跃式的发展，我们把这段时期叫作'希波战后五十年'。你觉得人们在面临开拓思想、艺术和文化的伟大道路的时候会做什么？"

"什么？"

"当然是……内战。"

"你这是在反讽？"

"是真的。雅典的崛起震惊了斯巴达和它的盟友们，因而爆发了伯罗奔尼撒战争，这场战争从公元前431年到公元前404年，总共持续了27年，波及范围如此之广，以至于整个希腊的其他城邦都不得不选择站队，要么站在雅典一边，要么站在斯巴达一边。在战争持续的将近30年的时间里，每当有一方打累了想求和的时候，另一方却总想借机实现利益最大化而拒绝议和，所以双方你来我往地打了很多年。"

"最终是哪一方赢得了这场声势浩大的内战？"

"斯巴达。"

"哦，太遗憾了……雅典这么强大，在伯里克利的统治下，有那么强大的舰队和关系网……怎么会输掉战争的？"

"开战没几年，伯里克利就死于一场袭击雅典的大瘟疫了，整个城邦一蹶不振。尽管在苟延残喘中有几次看似快要赢得战争，但最终雅典还是战败了，它的同盟也解散了。民主制倒台，有30个男人组成了一个独裁统治集团进行发号施令，这就是'三十僭主'。这些僭主们对民主人士实施了大规模处决，总之就是对所有不服从这个团体的人都进行了打击报复。"

"哎呀！这个持续了很长时间吗？"

"幸好没有！很多雅典人无法忍受生活在独裁统治之下，因此在几个月之后人民就发动了起义，赶走了那些僭主，重新确立了民主制。雅典这才开始慢慢地平复战争和社会动荡所带来的伤痕，这场平复用了好几年。文物里边有一份属于这个时期的美丽珍宝，是一块墓碑，这块墓碑非常出名，上面刻着一个骑士在杀敌。"

"像圣乔治和圣德米特里那种？"

"完全正确。艺术中的骑手杀戮主题一直持续到信仰基督教时期，这一时期的艺术作品描绘的则是圣徒在马背上杀敌和屠龙。"

"这块墓碑是因此才引人注目的吗？"

"不仅仅是这样。这块墓碑的主人是一个年轻人，叫狄克斯里奥斯（Δεξίλεως），作为一名骑士在科林斯的一场小型战斗中被杀死，他死的时候才20岁。这块墓碑是古雅典遗留下来的墓碑中唯一写了生卒年的。"

"他们通常不写生卒年吗？"

"通常不写。"

"那为什么狄克斯里奥斯的就写了呢？"

"因为他在'三十僭主'统治结束后没过几年就死了。那些僭主们自然不是什么普通的渔民、农民或手工业者，他们都是贵族，是骑士，也就是说，他们是有钱可以养战马的。这个死掉的年轻骑士的家里人想要借此说明'三十僭主'夺权的时候这个孩子才11岁，因此那些贵族们所犯下的罪行与他无关。"

"那这场大内战结束之后又发生了什么？"

"随着伯罗奔尼撒战争的结束，著名的、光辉的、令人自豪的公元前5世纪——属于伯里克利的世纪——也结束了，留下雅典在舔舐自己的伤口，整个希腊被旷日持久的冲突搞得疲惫不堪。斯巴达认为自己又重新赢回了在希腊所有城邦中的领导地位，因而被自大冲昏了头脑。接下来就轮到另一个城市给我们带来惊喜了。几年之后，忒拜有幸出了不止一位而是两位军事天才：伊巴密浓达（Επαμεινώνδας）和派洛皮德（Πελοπίδας）。因此，在那之前一直是乡下地方的忒拜，在短短几年时间里就迅速发展了军队，并成为希腊最强大的城邦。"

"'学渣'逆袭了？"

"不仅如此，它还完成了一项不可能的成就——打败了斯巴达。有史以来第一次有外邦军队威胁到了斯巴达这座不建城墙的城邦。"

"斯巴达没有城墙?"

"要城墙来干什么呢?斯巴达全民皆兵啊!不过忒拜的军队最终也没有进入斯巴达,但是斯巴达因此丧失了在伯罗奔尼撒本土的控制权。麦西尼亚和阿卡迪亚这两个几个世纪以来都处在斯巴达奴役之下的城邦取得了独立,并各自建立了新的都城,一个叫麦西尼,另一个叫迈加洛波利斯(Μεγαλόπολη)。而忒拜在失去那两位坚不可摧的战神之后,也失去了在希腊的主导权。"

"那接下来是哪个城邦拔得了头筹?"

"在这期间雅典一直在努力崛起,它又和之前一样,再次与几乎整个爱琴海的所有城邦结成联盟,只不过这一次它努力表现得更加谦逊,对待它的盟友们也不再那么咄咄逼人,以免惹得它们伤心了再一次背弃它。但是它再也达不到之前那种强大程度了。"

"我猜在这些战争期间,重要的文明发展也停滞了吧?"

"艺术的发展和进步并没有消退,哲学和科学也没有停滞。虽然听起来很让人惊奇,但是你想想,尽管伯罗奔尼撒战争在那个时期就像一场迷你世界大战,但是除此之外的其他时候人们也并非都在和平共处,只不过不是两个联盟之间的大规模战争,而是他们各自之间的各种小型冲突、战役、战争而已。艺术和科学也随着所有的这些一起发展着。"

"听起来很不错,不过朋友,我还是忍不住想对你说,你们这些考古学家、历史学家们就是有这么个毛病,你们的各种术语和分析都是针对艺术和科学的,最终你们把人置于何地呢?"

"人是贯穿于所有这些之中的。"

"怎么个贯穿法?你说了这么长时间都是在说历史和文化,从哪里能看到活在其中的人呢?"

"如果你学着更好地观察那些细节,就能看到其中各种鲜活的人,哪怕是从最微小的东西里面,也能看到他们那充斥着各种喜悦、成功、恐怖、痛苦和缺失的生活。比如我们现在所说的这个时期,雅典的一系列'山寨版'德摩斯梯尼(Δημοσθένης)法庭演说辞就是一个很好的例子。"

"什么是法庭演说辞?具体是哪个时期?是伯罗奔尼撒战争之后吗?这个被'山寨'的德摩斯梯尼是谁?"

"是的,就是在伯罗奔尼撒战争之后。法庭演说辞类似于当时的雅典公民相互之间打官司的时候递到法院的起诉书。而德摩斯梯尼是一个著名的演说家和政治家,只不过他留传下来的某些演说辞,实际上并不是他自己写的。"

"那为什么要说成是他写的?"

"为了显得更高大上啊,朋友!这些演说辞以超乎想象的方式揭开了一个令人难以置信的故事,故事里的人物包括一个奴隶、一个妓女和一个痴迷于政治的男人。"

"嗯,这几个人肯定不是朋友!那个奴隶是那个政治家的财产吗?"

"那个奴隶是那个政治家的父亲!他叫帕西翁(Πασίων),是一个外国人，来自叙利亚或其周边地区，他的主人是两个雅典人，这两个雅典人在比雷埃夫斯有一个小银行。由于帕西翁工作出色，并且在这个银行的发展中提供了很多帮助，所以他的老板们给他恢复了自由身。不仅如此，老板们退休之后，还将银行托付给了他。帕西翁的妻子阿尔基帕（Αρχίππη）也是一个异常聪明能干的人，他们一起将银行经营成了雅典最强的银行。他们还成立了一个制盾工坊，并在雅典有需要的时候捐赠了几千面盾牌和一整艘战船！长话短说，雅典人为了表彰他的贡献，授予了他雅典公民的荣誉身份，并让他的两个儿子也成了雅典公民。"

"那他老婆呢？"

"他老婆很可能一直都没有成为雅典公民。在古代雅典，女人是没有政治权利的。帕西翁在 60 岁左右去世了，但是他并没有将他的家族产业留给他 24 岁的长子阿波罗多洛斯（Απολλόδωρος），而是把它传给了福密俄（Φορμίωνας）。福密俄曾经是帕西翁的奴隶，后来恢复了自由身。福密俄还娶了帕西翁的遗孀阿尔基帕，并成了他另外一个未成年儿子的监护人，他们一起经营着整个家族的事业。"

"阿波罗多洛斯被排除在外了？"

"是的，尽管阿波罗多洛斯明明经济宽裕，又与雅典上流社会一个有钱的姑娘缔结良缘，可他还是心有不甘，将福密俄告上了法庭，不过最终他还是败诉了。现在我们来说说同一时期的科林斯，有一个妓女生活在那里，她的名字叫奈亚拉（Νέαιρα）。"

"怎么突然跳到这里了?"

"待会儿你就知道了。你不是想听关于人的故事嘛。奈亚拉可能是个孤儿,后来落到了科林斯一个鸨婆的手中。那个鸨婆的妓院里还有其他的女孩,她把她们包装成自己的女儿,这样可以收取更高的费用。在妓院的那些年,鸨婆提玛瑞特夫人(Μαντάμ Τιμαρέτη)总是带着美丽的奈亚拉离开科林斯到处去旅行,比如去当时繁华的雅典。在那里,这个小姑娘认识了弗里尼奥纳斯(Φρυνίωνας)并喜欢上了他。可是回到科林斯之后,提玛瑞特将她卖给了两个朋友,让她为他们轮流服务。当然了,由于其中一个人还和自己的母亲住在一起,所以他们商定让奈亚拉住在另一个人的家里。直到后来这两个年轻人决定要成家了,才又建议她给自己赎身。"

"她能做得到吗?不是得要很多钱吗?"

"如你所料,由于她自己的收入不足以赎身,所以便向一直喜欢她的那个雅典人弗里尼奥纳斯求助。弗里尼奥纳斯还真的帮她赎了身,可是把她带到雅典之后又把她卖了。女孩在一次次遭到抛弃之后对豪门心灰意冷。就在那时她遇到了斯提芬诺斯(Στέφανος),这个人看起来好像真的爱她。"

"说真的,你说了这么久我都不知道你想要表达什么。"

"少安毋躁嘛!奈亚拉对他说:'我们私奔吧,亲爱的,我的眼泪都已经流干了。'斯提芬诺斯对她说:'我们一起共度余生吧,不论前路如何,我们一起面对。'"

"瓦尔迪斯和马兰科齐①不也曾经这么说过吗？"

"就像人们所说的，艺术没有原创。别打断我，让我把话说完。他们一起回到了雅典，但是被她的前任弗里尼奥纳斯发现了。弗里尼奥纳斯要去抓她，但是斯提芬诺斯信守爱的誓言，出手阻拦。他们一起闹到了民事法庭上，在那里发生了意想不到的事。陪审员们判定奈亚拉不从属于任何人，她是她自己的主人。这在古代雅典是非常前卫的。"

"所以只要结局是好的，一切都是好的是吗？"

"还没结束呢！斯提芬诺斯除了会说甜言蜜语之外一无是处，既没有钱也没有任何技能。因此，奈亚拉又被迫重操旧业来养活两个人和孩子们。"

"孩子们是奈亚拉和斯提芬诺斯生的，还是奈亚拉和别人生的？"

"不知道具体是谁的孩子。后来，斯提芬诺斯在阿波罗多洛斯状告福密俄侵占了他父亲产业的那场官司中出庭当了证人，阿波罗多洛斯就是后来成为富豪的那个奴隶帕西翁的儿子。由于斯提芬诺斯是站在福密俄这一边的，并且福密俄最终赢了官司，所以阿波罗多洛斯将他视为眼中钉，更别说他还是政敌党派的人……因此，阿波罗多洛斯疯狂地想要报复贫穷的斯提芬诺斯。"

"这个阿波罗多洛斯是不是有点儿痴迷于打官司又过分敏感啊？"

---

① 安东尼·瓦尔迪斯（Αντώνης Βαρδής），希腊作词家、作曲家、歌手。克里斯汀娜·马兰科齐（Χριστίνα Μαραγκόζη），希腊歌手。二人于1985年结婚，1995年离婚。——译者注

"这个我不知道,不过你想啊,他的父亲不把产业传给他,他的母亲和弟弟也没有站在他这边。"

"那最后他报复成功了吗?"

"他间接地实施了报复,或者说他试图以这种方式来实施报复,就是用奈亚拉的名声来打击斯提芬诺斯。在一场大型审判中,阿波罗多洛斯攻击了奈亚拉的卖淫行为,在法庭上扒出了她的整个生平以及当妓女这么多年所有的丑事。奈亚拉当时已经快50岁了,她当时可能就在法庭上,可是作为女人,她没有权利开口说话,只能坐在那里听着指控。如果被判有罪,那么她很可能就会失去一切并且被作为奴隶卖掉。"

"那她最终有没有被判无罪?"

"不知道。"

"什么叫不知道?有你这么吊人胃口的吗!讲到最精彩的地方突然就没了。"

"这就是古代,对我们来说整个拼图总有很多缺失的地方,但也正因如此,才滋生出了想象和思考。"

"奴隶、妓女和那个可悲的儿子的故事确实很震撼。"

"阿波罗多洛斯有非常大的可能性会败诉。他之前也已经败诉过很多次了,所以再输一次对他来说也不算什么。就让我们祈祷奈亚拉最终被判无罪吧。所以你瞧,在那些宏大历史事件发生的同时,普通人的故事也在发生着。"

"好吧,雅典已经颓萎,斯巴达已经颓萎,忒拜也只是昙花一现,那接下来是谁在统治希腊?"

"大约公元前4世纪中叶,另外一股新的势力开始主宰一切,那就是马其顿。"

"马其顿和其他地方一样也是城邦吗?"

"希腊的北部没有城邦,它们有王国:伊庇鲁斯王国、色萨利王国和马其顿王国。马其顿曾经是一个弱小的王国,经常受到各方的欺压。在伯罗奔尼撒战争期间雅典和斯巴达就欺压它——因为它有原木和其他各种原材料,对海军等的作用很大——不仅如此,还有色雷斯、伊利里亚以及巴尔干半岛的其他所有邻国,甚至忒拜都欺压它。"

"也就是说,一直到古典时期马其顿都只是一个无名小卒?"

"当然不是!时不时会出现一些使王国变强的贤明君王,其中最重要的一位就是阿奇拉(Αρχέλαος),他将都城从艾加伊(Αιγές)迁到了佩拉(Πέλλα)。只是在阿奇拉之后,马其顿王国经历了一段很长的艰难时期,它的那些邻国在很长的时间里都把它当软柿子捏,直到腓力二世继位。腓力二世是一个有雄才大略的国王,他接手了这个名存实亡的王国之后,在短短几年的时间里不仅重振了这个半死不活的王国,甚至使它成为统领其他王国的强国。一如既往,每当有一个国家在希腊大地上崛起,其他国家就会结成同盟来对抗它。公元前338年,对抗腓力二世的最后一个同盟与他在维奥蒂亚的喀罗尼亚(Χαιρώνεια)发生了冲突。腓力二世年轻的儿子——马其顿王子亚历山大组织马其顿的骑兵参与了战役,在他的指挥下,马其顿赢得了胜利。但接下来发生的事出乎所有人的意料,亚历山大带领着希腊走向了世界。古典时期已经到了尾声,而这个名为'亚历山大'的伟人留下的则是另一个不同的世界,叫作'希腊化世界'。"

"好的,让我来看看,你讲了这么多我都记住了什么:希腊取得了希波战争的胜利标志着古典时期的开始,马其顿实现了在希腊的统治标志着古典时期的结束。"

"对的。那么在古典时期都发生了哪些轰动的事呢?"

"文化和艺术得到了惊人的发展,当然了,还有那场宏大的伯罗奔尼撒战争。"

"完全正确!现在来看看文明史和战争史是如何联结的:你还记得我们之前提过的那三位伟大的悲剧诗人吗?就是埃斯库罗斯、索福克勒斯和欧里庇得斯。机缘巧合之下,这三位伟大的艺术家将我们刚才所说的整个古典时期的所有都联结起来了。首先他们代表了那个时期的最高艺术:戏剧、演说、哲学、思想。除此之外,埃斯库罗斯生活在古典时期初期,联结着波斯;索福克勒斯生活在古典时期中期,联结着伯罗奔尼撒战争;而欧里庇得斯生活在古典时期末期,联结着后起之秀马其顿王国。"

"是如何联结的呢?"

"埃斯库罗斯在遥远的意大利南部一个叫杰拉($\Gamma\varepsilon\lambda\alpha$)的古代殖民地死于一场意外。传说一只鹰把一只乌龟砸在他的光头上了,因为它以为那是一块石头。他唯一想写在墓志铭上的事就是他也在马拉松战役中保卫了国土免遭波斯入侵——就如他的兄弟们一样。这场入侵标志着古典希腊的开端，他还为此写了一部悲剧，叫《波斯人》（*Πέρσες*）。这部悲剧是埃斯库罗斯第一部取得成功的作品，演出的承办者是当时年轻的伯里克利，也就是后来带领雅典到达全盛时期的那位政治家。索福克勒斯死于伯罗奔尼撒战争时期，有传说他是在吃葡萄的时候噎死的，也有传说他是在吟诵悲剧《安提戈涅》（*Αντιγόνη*）里一段很长的台词时因为没有换气憋死的。他去世的时候，正处于伯罗奔尼撒战争中斯巴达包围雅典的时期，墓地在城外，而雅典人被围困在城内，但斯巴达人同意停止敌对行动，为这位著名的诗人举行葬礼。"

"也就是说，至少有那么一刻文明成功地制止了战争，哪怕只维持了一天？"

"是的。最后是欧里庇得斯，传说他正好是在萨拉米斯海战那一天出生的，他写出了最具人性化的戏剧，但是他本人因为受不了其他同胞而离开了雅典——可能这位艺术家本身也有点儿孤僻——他去了马其顿国王阿奇拉那里，并在他的庭院中度过了人生的最后几年。阿奇拉是一个非常崇尚艺术的人，他收集了那个时期的所有顶级作品。欧里庇得斯为了赞颂他而创作了悲剧《阿奇拉》（*Αρχέλαος*）。在那里，在马其顿郁郁葱葱的绿植中，欧里庇得斯灵感如潮，创作了著名的作品《酒神的女祭司们》（*Βάκχες*）。最终，他在去郊外散步时被野狗咬死，永远地留在了曾经拥抱接纳他的马其顿，那个在亚历山大大帝掌权后将希腊文明推出希腊、推向全世界、为古典时期画上了句号并开启了一个新时代——希腊化时代——的马其顿。"

"打断一下,我还有一个疑问!找到亚历山大大帝的墓算不算是最重要的考古发现?"

"我早该想到你会问这个的。那么我就给你讲讲对一个考古学家来说什么才叫重要发现吧。"

问 答

什么是考古发掘中最重要的发现?

"在你急着想发掘出某个物件之前,我先告诉你最重要的发现不是物件。在考古发掘中,我们所收集的最重要的能够为我们提供最根本信息以便我们能基于这些信息开展后续整个发掘工作的发现物,是地层。"

"什么是地层?"

"考古遗址在千百年的时间里积满了各种不同的泥土层。研究这些泥土层对于了解这处遗址所属的时间和地域尤为重要。这里多少年前开始有人居住?居住了几个世纪?都在哪些时期?会不会在史前时期就有人居住,之后被废弃,然后在古典时期又开始有人居住?或者罗马时期?除此之外,每一层里面都有些什么?这件稀有的文物是在哪一层被发现的?这面墙是什么时候修建的?又是什么时候拆掉的?这个洞是什么时候挖的?里面有什么?又是什么时候填上的?对于这些问题,地层学能用各种证据来回答。另外,当你有了一个稳定的框架之后,你就能够将所有的发现物都汇总到框架中,无须再对一个陶瓶或一个雕塑的所属年代存有疑虑,它周围土壤和地层的情况就已经是明显的证据了。"

"哦,这么简单?"

"地层学可不是一件简单的事,不过它的逻辑非常简单。你想象一下,桌子上放着三本书,垫在最下面的那本书就是第一个被放上去的,因而,它就是'最古老'的。最上面的那本是最新的,而中间那本书比它下面的那本要新,比它上面的那本要旧。现在你再想一想那些地层。当然了,在现实操作中从来都不是这么简单的,因为我们遇到的并不仅仅是三层地层,而是几十或几百层,而且它们也不是均匀地铺在古迹上的,甚至很多时候地层之间也不是很容易就能区分的。而且在漫长的岁月中可能会有人进行挖掘,比如说挖一口井或挖一个肥料坑,那么那个坑中原本旧的泥土层就会被挖出来,而当坑被填上的时候,坑里又会有更新的材料。"

"那你们要如何进行区分?"

"通过对这些具体的土层进行非常仔细的研究来区分。有经验的考古学家能够区分出整个古迹范围内所有不同的土层以及它们之中所发生的任何一个变动。如果在一个地方有一口井,那么其附近就会有桩孔,也就是在建小屋或者搭帐篷或者搭建诸如此类的设施时打木桩留下的洞。"

"那你们会不会有这种风险:遗漏某些东西或者搞混某层地层但是自己并没有察觉?"

"有的,这种可能性很大。因此发掘工作必须非常仔细,就像动手术一样,而且发掘的目的不仅仅是挖掘出埋在泥土里的所有东西!所以说,非法挖掘的破坏性远远超出你的想象!那会让我们失去很多关于古代的信息。如果土层是清晰且完好无损的,也就是说近期没被人挖掘过——为了让你更好地理解那是怎样一种挖掘方式——想象一下有一个拥有不同分层的多层蛋糕,然后有一个人拿着叉子对着蛋糕一通乱搅,把整个蛋糕都搅碎了,所有的分层都混在一起了——那么,根据每一层所发现的文物,我们就能对那一层进行断代。"

"给我举个例子呗。"

"我给你举一个简化过的例子:你在发掘中挖到了五层土层,在最上面的第一层发现了拜占庭时期的陶器,在第二层发现了罗马时期的铭文,在第三层发现了希腊化时期的陶器,在第四层发现了古典时期的黑彩陶瓶,在第五层发现了迈锡尼陶瓶。那么,你所处的这处古迹就是从迈锡尼时期到拜占庭时期的古迹。如果你在其中找到了一把钥匙或者一个头骨,那么根据它所在的土层,你就可以知道它所属的时期了。"

"我之前还以为考古学家们挖来挖去就是为了发现那些文物呢。"

"这也是发掘的目的之一,但不是唯一的目的。一场发掘并不是非得找到吸引人的文物或者漂亮的雕塑。当然了,如果有这种文物出现那也是一个巨大的惊喜,但这并不是发掘的目标。我们并不是艺术品猎手。我们所寻求的东西非常简单,主要是为了寻找答案,寻找各种问题的答案。"

"也就是说,哪怕什么也没有发现,它也是有意义的?"

"如果在一座很大的古城的中心没有任何发现,这件事本身也是一个信息。作为城市的中心,这里竟然什么建设都没有,只是一块空地?人们为什么要将这么大一片公共用地留空,不在上面进行建设?有没有可能它上面原本是有设施的,只不过随着时间的流逝湮灭了?会不会本来有个粗糙的木头凳子,原本是立着的,后来散架了?会不会是狄奥蒂玛(Διοτίμα)女士①买蔬菜和水果的地方?会不会是人们用来集会并像伊卡利亚(Ικαρία)岛上的节庆一样跳舞的地方?没有文物不代表没有问题、答案和结论。因此,发现亚历山大大帝的墓当然是一件非常吸引人的事,但绝不是我们作为一门科学唯一考虑的事。"

"那我们来说说亚历山大大帝吧……"

---

① 狄奥蒂玛是柏拉图《会饮篇》(Συμπόσιον)中一位古希腊人物的名字或化名,她可能是一位真实的历史人物,据说生活在大约公元前 440 年。对话中苏格拉底所讲到的她的爱欲思想是今天被称为"柏拉图式爱情"概念的起源。——译者注

第十章

全副武装，
征战四方

亚历山大大帝

"亚历山大三世,或者亚历山大大帝、伟大的'亚历哥'、伟大的亚历山大。虽然历史评判某些人时认为他们伟大的原因可能是主观且有待商榷的,但对于'亚历哥'并非如此,依我拙见,这个伟大的称号是'亚历哥'自己挣来的。"

"你为什么管他叫'亚历哥'?这样不会显得有点儿……冒犯吗?"

"为什么叫昵称就是冒犯?这是什么道理?后面你就会知道,我个人其实是'亚历哥'的头号粉丝,他根本无须在乎是被我冒犯还是称颂,他可是极少数改变了世界历史的人中的一个。而且,我也不认为把我们的历史高高举起会有什么实际作用。历史从来不需要荣耀和赞美,那是为了其他目的而存在的。我更喜欢认识过去,亲近过去。"

"好,行了,你之前已经说过这种话了,可是你自己不也把你口中的'亚历哥'高高举起吗?你为什么崇拜亚历山大大帝?说到底,他不是一个……屠夫吗?"

"我可没有将他高高举起,我只是实实在在地对他的一生感到震撼。而且,为什么非说伟大的亚历山大是'屠夫'呢?这是跟哪些其他古代领导者对比得出的结论?要么你就得说他们全都是屠夫,要么你就得承认历史无论如何都是充满血腥的,因而你得以现实的眼光进行评判,而不是从所有的屠夫当中单单挑出一个。"

"可是亚历山大大帝征战四方,不是杀戮得更多吗?"

"既然你提到了,那我就得跟你说说,跟其他很多人相比,亚历山大大帝已经算是很没有破坏性的了。跟其他军事首领相比,他发起的战役要少很多,对于战败方也表现出了更多的怜悯,而且他努力地尽可能避免交战。他虽不是圣人,但也不是魔鬼。亚历山大大帝是一个才能卓绝、智慧超凡的年轻人,只不过后来变得自负了而已。任何人如果年纪轻轻就从真正意义上征服了周围所有国家的话,都会变得骄傲自满。"

"我只知道他发起了侵略战争。"

"他是对波斯帝国发起了战争,做了很多人几百年来梦寐以求的事。希腊和波斯帝国从希波战争开始就一直处于一种诡异的角力之中。从那时起,尽管波斯战败,但是它从来没有停止介入希腊的内部事务,总是试图间接操控希腊。你以为在伯罗奔尼撒战争中是谁向斯巴达提供了组建舰队的黄金?就是波斯。总之,你要知道在希波战争结束150年之后,希腊人和波斯人还是一直处于'冷战'状态。当希腊决定将战场推到波斯自己的地界的时候,那就是伟大的'亚历哥'在历史上的重要时刻。

"不过还是让我们从头开始说说'亚历哥'这个人吧。首先,他是突然登上马其顿王位的。虽然他是合法继承人,但当时他还只是一个少年,而且正在和他的父亲闹别扭。当时,他的父亲腓力二世已经再婚,而且正值盛年,看起来还能当很多年国王。他计划着向希腊永远的敌人波斯帝国进攻,并将所有的希腊人召集到科林斯,建立了科林斯同盟。根据同盟的要求,所有的希腊城市之间必须停止敌对行动,联合起来共同对付波斯。事实上,腓力是第一个成功联合了其他各个希腊城邦的人。"

"所有的城邦吗?"

"不是所有的,在拉科尼亚(Λακωνία)中部有一个叫斯巴塔(Σπάρτα)的小村子拒绝服从。"

"你是想说斯巴达?"

"是的,斯巴达人是多利安人,在多利安方言中,斯巴达念作'斯巴塔'。众所周知,他们还是一如既往地傲慢。当腓力战胜了其他所有的城邦,只剩下斯巴达的时候,他向斯巴达人传递了一个消息，说：'如果我占领了斯巴达，我将不会手下留情！'对此斯巴达人只是简单地回了一个词——'如果'。"

"斯巴达人真的这么彪悍吗？"

"也不是。但是斯巴达的威名已经流传了这么多个世纪了，没有人愿意轻易和它发生冲突。反正腓力还是敬重斯巴达并略过了它。他把其他所有的希腊人召集到科林斯岛并建立了同盟。之后他在马其顿的故都艾加伊为他的女儿举办了婚宴庆典，宴请嘉宾的名单中包含了当时希腊所有的重要人物。在艾加伊剧场，当着所有希腊人的面，腓力身着白衣，在向观众们展示了十二主神的塑像之后，他将自己的塑像作为第十三尊展示了出来。"

"我的个老天爷啊！他把自己当天神了？"

"这种行为是大不敬的，而他也当即为此付出了代价：有一个杀手从人群中冲了出来，用刀把他捅死了。"

"是因为他亵渎了神灵还是因为别的原因？"

"我们至今也不知道这场谋杀的原因，甚至不知道杀手是谁雇的。可是这个强壮的国王就这样死了。而20岁的亚历山大突然之间就继承了当时希腊最强大的国家。

"所有人都在想：'哈，小屁孩一个，一点儿用都没有，他能成什么事儿……马其顿要完了。'可是亚历山大另有打算。科林斯同盟中开始有人蠢蠢欲动，忒拜第一个跳出来造反，因为它听信了谣传，以为这个年轻的马其顿王国继承者已经死在与色雷斯人的战役之中，便决意要在泛希腊联盟中打击马其顿。雅典也在一旁附和，暗中挑唆道：'干吧，起义吧。'亚历山大以迅雷不及掩耳之势攻到了忒拜城下，警告道：'嘿，忒拜，放老实点儿，别做蠢事。'可是忒拜不为所动，于是他攻占了忒拜。历史上有说法是作为报复，亚历山大将忒拜夷为平地，可事实上他是将决定权留给了维奥蒂亚同盟，也就是与忒拜接壤的其他维奥蒂亚诸城。维奥蒂亚同盟的其他城邦基本之前都受到过忒拜的欺压，是它们做出了彻底毁灭忒拜的决定。在这个过程中，亚历山大唯一做的事就是下令不准毁坏诗人品达（Πίνδαρος）的家。而对于撺掇忒拜起义的雅典，他则选择了原谅。"

"他为什么原谅雅典？"

"因为亚历山大此前跟在亚里士多德身边学习，知道雅典是古代那些最伟大的人的所在地，也是培养他们的城市。因着这种魔力，亚历山大不想看到雅典被毁灭。后来，通过各种努力，亚历山大到达了亚洲，继续着他父亲曾经的计划，实现着自150年前希波战争以来许多希腊人的目标：战胜波斯帝国。"

"希波战争带来的冲突还没有结束吗？"

"当然没有。虽然希波战争以希腊获胜结束，但是，正如我们前面谈到的，从那时起波斯就一直试图破坏希腊的团结，间接介入希腊的事务。第一场战役是格拉尼库斯河（Ποταμός Γρανικός）战役。亚历山大的军队数量比对方少很多，但由于他的军事才能，他们在这场战役中大获全胜。之后他向前推进，解放了小亚细亚沿岸的各个希腊城邦，很少有城邦进行抵抗。"

"意思是说他占领了那些城邦?"

"确切来说,他是让那些城邦自行选择政治体制。大部分的城邦原本都是民主制的,所以就重新实行了民主政治体制。"

"可是,马其顿不是实行君主制的吗?让其他城邦实行民主制对它自己有好处吗?不应该把所有的城邦都纳入国王的统治之下吗?"

"嗯,这就是亚历山大大帝与众不同的又一个例证了。亚历山大继续向前,在戈尔迪乌姆(Γόρδιος)做了短暂停留,就是在那里,他斩断了戈尔迪乌姆绳结[①]。之后,亚历山大继续朝叙利亚进发,在伊苏斯(Ισσός)又进行了一场战役。这一次波斯派出了更大规模的军队,而亚历山大不仅赢了战役,还在战役中将波斯国王大流士三世(Δαρείος Γ')逼得落荒而逃,这位波斯国王甚至撇下了王帐中的母亲、妻子和所有带不走的东西。

"亚历山大到达了埃及,那里的人将他作为解放者迎了进去,因为他一来,就把埃及人向来厌恶的波斯人赶跑了。埃及人对他说:'要我们说,亚历山大,你就是神!'这一点亚历山大当之无愧,他非常热爱埃及。当然了,希腊人很早就知道了埃及文明,而且很多希腊人都是埃及文明的忠实粉丝。另外,埃及文明比希腊文明还要古老许多,你只要想想,胡夫金字塔建成的年代距离亚历山大所在时期的时间,比亚历山大所在时期距今的时间还要

[①] 传说在戈尔迪乌姆的宙斯神庙中有一辆献给宙斯的战车,在车轭和车辕之间有一个看不出头尾的绳结,据神谕指示,谁能解开这个结,谁就是亚细亚之王。——编者注

久远。在尼罗河三角洲，亚历山大选址建立了一座城市，这是以他的名字命名的几十座城市中的一座，但是后来成为其中最著名的城市。之后他继续远征并顺利抵达了亚洲，气势汹汹地一步步接近波斯的核心。大流士三世向他发了一封求和信，在信中提议进行一笔交易：'要不我们把帝国一分为二，分而治之？你可以保留你现在得到的所有一切，只需把另一半留给我就行。'"

"听起来也是一个不错的提议。"

"亚历山大的那些最高级的将领中有一个人也持有这种观点，这个人就是长者帕曼纽（Παρμενίωνας）。帕曼纽对他说：'如果我是亚历山大，我就接受这个提议。'亚历山大回答道：'如果我是帕曼纽，我也会接受这个提议。'之后亚历山大继续一步步推进，征服了波斯帝国一个又一个首都——波斯帝国有很多个首都——并作为胜利者进驻了巴比伦（Βαβυλώνα）。在第三场战役，也是最大的一场战役——高加米拉（Γαυγάμηλα）战役中，他彻底击溃了波斯的军队，成为波斯的领导者。"

"就这样？只有三场战役？"

"征服波斯帝国确实只打了三场战役。但是亚历山大并没有就此停下来，他必须要找到并抓住大流士三世，当时大流士三世已经被一些起义者抓住用来索要赎金了。亚历山大继续行进到一些宣布从波斯帝国独立出来的行省。在巴基斯坦，他遇到了当地的国王波鲁斯（Πώρος），波鲁斯有一支庞大的军队，还有许多战象。在希达斯皮斯（Υδάσπης），亚历山大把波鲁斯也打败了！但是他钦佩波鲁斯的英勇,所以两人成了朋友。他留下波鲁斯继续统治那里,之后便离开了。就是差不多在那个时候,他开始变得有些疯狂。可是他年纪轻轻、容貌俊美、事业有成,又是一个从真正意义上来说征服了当时周围所有国家的'家族企业'的'执行总监'和'财务总监',他能不疯狂吗?他开始看谁都像敌人,看什么都像阴谋,并出于恐惧开始杀害自己的同伴和朋友,直到他突然在巴比伦病倒。"

"得了什么病?"

"不知道,这是一个大问题,千百年来人们都在争论这件事情。"

"我记得在他死后,他的帝国就崩溃了……他没有留下继承人吗?"

"在他临死前的最后几个小时里,当人们询问已经意识模糊的他想指定谁当继承人的时候,他虚弱地说'选最好的'。"

"这说得可太清楚了,亚历山大。整个希腊谁不觉得自己是最好的。"

"就这样,他的将军们开始争权夺利,自相残杀。这场混战持续了几十年,成王败寇,最终庞大的帝国分崩离析,分裂成了一些小国。"

"所以亚历山大大帝的伟大算是实至名归吗?"

"亚历山大大帝是最受人关注的古代人物之一,他的独特之处在于他的争议性。对于那些想要夸大他的伟大、努力想要将他理想化的人来说,他有着超乎常人的激情和大爱,而对于那些想要将他作为坏典型的人来说,他们会把他看作侵略者或者古希腊'唯一发起了扩张战争的人',他们会说:'哦哟,我一点儿也不喜欢亚历山大,他杀了那么多人。'但你稍微思考一下,亚历山大真的杀人如麻吗?跟谁相比呢?你以为在亚历山大之前及之后的其他人是通过辩论解决争端的吗?说得好像整个希腊——乃至全世界——历史上的其他政治家或军事家全都是纯洁无瑕的孩子一样。他们是通过写信和收集签名来表达主张和战胜对手的吗?将亚历山大大帝与莫罕达斯·甘地(Μαχάτμα Γκάντι)进行对比是毫无道理的。而且,即便我们唾弃亚历山大大帝,违心地说他不是我们想要的最睿智和最仁慈的领导者,难道我们的历史就能因此得到净化吗?"

"可是在我们的历史中并没有其他征服者啊。"

"那么当民主的雅典在骚扰它的盟友们,比如跑去霸凌米洛斯岛,当米洛斯岛向它祈求'求求你们别把我们卷进你们和斯巴达的斗争之中,我们只是一座小小的岛屿,我们只想保持中立'的时候,雅典却摧毁了整个米洛斯岛,杀光了他们所有的男人,还将他们的妇女儿童全都作为奴隶卖掉,这难道不是征服和屠杀吗?我想要反问一句:为什么希腊历史上所有的一切都必须非黑即白,为什么历史非得得到净化呢?那个只有哲学、科学和美好艺术的理想化古希腊被破坏了,人们选择把自己可能要承担的责任最大限度地归咎于亚历山大大帝,这种做法是否也是在无意识地维护一种适得其反的东西——一种潜在的民粹主义?亚历山大大帝应该被视作一个领导者，人们应该在领导者的范畴内对其进行评判。即便如此，他也比其他领导者更加优秀。你如果要谴责亚历山大，就得一并谴责整个世界历史都是绝对残暴血腥的，这其中当然也包括希腊历史；你如果要赞颂古希腊，就得一并承认亚历山大作为一个具体历史时期中的具体人物，他的影响是非常巨大的。只取其一是行不通的。"

"我还有一个问题：他有对那些蛮族进行教化吗？"

"亚历山大没有'教化'任何人！他所遇到的那些民族都是具有几千年文明的民族，他们的文明远比古希腊要发达，那些文明在古希腊文明还处于襁褓之中的时候就已经对其产生了启迪。不过他在远征中顺道也带了一批随行的科学家对新事物进行研究，因而关于古希腊文明中好的那一面，包括运动、个人价值、哲学、文学、戏剧、各种科学，也都得到了传播。就这样，他借鉴了不同的文明，使古希腊文明与其他文明发生了融合，带来了令人震惊的效果。因为文明就是这样的，需要不断冲击才能进化。它们不会平白诞生，不能永存，也不能自我进化。此外，极度自信的亚历山大深知想要各族人民能够共存，就必须平等地对待他们，因此，他让成千上万的希腊人与外族人通婚。也因为这件事，他与他的老师亚里士多德吵架了。亚里士多德不认同亚历山大的观点，不认为那些'蛮族'是与希腊人平等的。"

"亚历山大和亚里士多德吵架？"

"他们吵架不仅仅是因为这件事，还因为亚历山大杀了亚里士多德的侄子卡利斯提尼（Καλλισθένης），因为他怀疑卡利斯提尼谋反。"

"太遗憾了！你瞧，听到这些就破坏了传说中亚历山大大帝的形象了。"

"可是传说就是这样的啊……所以叫'传说'嘛，而不一定是事实。"

"既然提到了'传说'，有一个问题虽然不相干，但是困扰了我很久，我还是问一问吧。究竟是神话传说本身就有点儿混乱，还是说是我理解的问题？如果是它本身就混乱的话，为什么会这么混乱呢？"

问　答

为什么神话传说如此混乱？

"神话传说是真的混乱，而且它这么混乱也是应该的。因为我们所谓的神话传说实质上是一些装点古希腊宗教的故事。而宗教，以及与之一道的神话传说，不会只基于一个圣典或一位圣人，甚至也不会只基于某一个人所受到的启迪。在古希腊并没有圣典。"

"那人们怎么知道该崇拜什么，又该如何崇拜呢？"

"宗教及与之相关的细节都是口口相传产生并由人们一代代口述传播下去的。没有用于明确宗教的具体圣典，也就不可能有用于明确神话的。"

"那我们所熟知的神话传说的来源都有哪些呢？"

"首先是公元前 8 世纪的赫西俄德（Ησίοδος）和公元前 7 世纪的荷马，这两位是最早和最伟大的史诗诗人，后来又有其他的诗人和悲剧戏剧家，他们通过模仿那些自己喜欢的传说并随心所欲地进行改造来引起共鸣。在古代末期还出现了为了迎合受众的小说。将各种地方传统与改编故事以及人们的想象混合在一起，便出现了这种主要通过艺术家们丰富的想象力创造出来的传说大合辑。我们今天所知道的神话传说，就是通过改编、重新套用新元素所产生的各种解读和改编的集合体，时至今日，没有任何一个版本能够容纳得下这么多年以来那么多人的想象力所创造出来的整个想象宇宙。可能这也是直到今天它依旧如此令人着迷、依旧对我们所有人如此具有吸引力的原因吧。它并不是传给人类的一个具体的'上帝默示'的圣典。"

"那它是怎么创造出来的？"

"是由那个时代最有艺术头脑的艺术家们创造出来的。它不是那些'智慧的'神职人员定义出来的像石头一样严肃僵硬的东西，而是由那些富有灵感的艺术家创造出来的，像新鲜面团一样蓬松芬芳。另外，别忘了虽然对我们来说，神话传说是一本精彩的故事合集，但对古代希腊人来说，那是他们日常生活的一部分。亚历山大大帝就真的相信他是赫拉克勒斯的后裔，也相信赫拉克勒斯是宙斯之子！你可能会说，这有什么用，还不是照样那么年轻就死了？可是怎么会没用呢？他的继承者们就将这一点利用在政治上，也都努力想要像他一样。"

"哦，那你再跟我说说亚历山大大帝死后发生了什么吧。"

"乱成一锅粥！听我给你讲讲……"

第十一章

咱们推行别的政治体制吧

希腊化时期

"亚历山大死后,各方都开始了继位之争。"

"当时有正式继承人吗?"

"可以说有,也可以说没有。亚历山大和巴耳馨(Βαρσίνη)的儿子赫拉克勒斯(Ηρακλής)当时已经是个少年了,但他并不是名正言顺的婚生子女。"

"哦?是个私生子?亚历山大没有正式的子女吗?"

"首先我认为不存在所谓的'私生子'一说,而只有'没结婚的父母',不过这是另外的话题了。是的,据说他正式的妻子是希腊史上最漂亮的女人,遥远的巴克特里亚(Βακτρία)的公主罗克珊娜（Ρωξάνη）。当时罗克珊娜已经怀孕了，但还没等孩子出生亚历山大就已经去世了。如果生出来的是个男孩，那么他就是正式继承人。此外，亚历山大还有一个同父异母的兄弟阿里达乌斯，是他父亲腓力二世和一个舞女所生的，但他有智力障碍。最重要的是，亚历山大的那些将军们一个个就像秃鹰一样等着，即便无法占领整个帝国，也想着如何能够尽可能地占领最大的部分。他们决定假装所有人都支持亚历山大还没有出生的孩子，后来生出来的果然是个男孩，他们将他称为'亚历山大四世'，但同时也都支持亚历山大那位想要继位的残疾兄弟阿里达乌斯，将他称为'腓力三世'。将军们让这两个人都当了国王，所有人都发誓会保护他们。于是，一场举国厮杀就此开启。几十年的时间里，亚历山大的继承者们不断地调集军队，换盟友就跟换衬衫一样勤，相互厮杀，又相互结为儿女姻亲，相互消耗得筋疲力尽，尤其是在战场上为了个人利益整军厮杀。"

"帝国就这样四分五裂了？分裂成了多少个？"

"最大的有4个。混乱中，诞生出来的最重要的王国是位于埃及的托勒密王朝（Δυναστεία των Πτολεμαίων）。另一个重要的王国是占领了亚洲最大部分的塞琉古王朝（Δυναστεία των Σελευκιδών），塞琉古比任何人都努力地想要践行亚历山大的目标，不过失败了。色雷斯王国不如前面两个王国那样有稳定的未来，不过在小亚细亚西北部即将诞生另外一个小王国——帕加马王国（Βασίλειο της Περγάμου），这个王国是偶然诞生的，最开始的时候非常小，但是很快便获得了力量，成了一个强大卓越的王国，不仅军事上如此，文化上也是如此。"

"那马其顿呢？马其顿王国怎么样了？"

"在那里，卡山德（Κάσσανδρος）和亚历山大同父异母的妹妹塞萨洛尼基（Θεσσαλονίκη）结了婚，费了九牛二虎之力掌了权。他建立了以自己的名字命名的卡山德里亚城，就是今天位于卡尔基迪斯的波提狄亚（Ποτίδαια），还建立了以他妻子的名字命名的塞萨洛尼基城。他以为卡山德里亚城能成为全马其顿最强大的城市，不过这个希望落空了。"

"不好意思，那些'正式'的继承人呢？亚历山大的兄弟和儿子哪儿去了？"

"腓力三世阿里达乌斯一上来就被上面提过的这些人轻易灭掉了。确切来说，是被亚历山大大帝的母亲奥林匹娅丝（Ολυμπιάδα）弄死了，亚历山大大帝的遗孀罗克珊娜一到马其顿就投靠了她的婆婆奥林匹娅丝，奥林匹娅丝便杀了阿里达乌斯，以便自己的孙子能够成为唯一的国王。"

"奥林匹娅丝这么有势力吗？"

"奥林匹娅丝是个非常可怕的女人，个性十分强悍。可是她自己、她的儿媳妇和孙子都被卡山德杀了。确切来说，被派去杀奥林匹娅丝的士兵全都退缩了，没杀成，她就是这么可怕的女人。后来卡山德想到了一个以恶制恶的办法，把她送到了她以前害死的那些人的母亲和妻子手上。那些人把她杀了之后，还把她的尸体丢了喂狗。"

"亚历山大那个小小的儿子也被丢去喂狗了吗?"

"很可能没有。为了做做样子给世人看,他很可能被风光大葬了。据推测,韦尔吉纳皇室墓群里边有一座墓,埋葬的可能就是亚历山大大帝的儿子,因此我们把那座墓叫作'王子墓'。"

"可是还有一个可能的继承人啊,就是你之前提到的亚历山大大帝的那个儿子赫拉克勒斯。"

"这一个当时确实还活着,已经是个青少年了。某一刻马其顿的将军波利伯孔(Πολυπέρχοντας)良心发现,想辅佐他登上马其顿的'空'王座,但是卡山德说服了波利伯孔将王室成员斩草除根,说这样对所有人都好。就这样赫拉克勒斯也死了。"

"那他的下场也是'喂狗'吗?"

"好问题,我们不知道答案。不过近年来有了一些让考古界非常兴奋的发现。2008年,在马其顿第一个都城(同时也是皇陵所在地艾加伊古城的集市)的考古发掘中,发现了一处'皇室'墓,偷葬的。"

"怎么个偷葬法?咋又是皇室又是偷葬的?"

"墓的容器是一个金属盆,但是包含了所有贵族墓葬的特征,甚至有金橡树叶花环。金花环通常是马其顿贵族墓的陪葬品,而具体的橡树叶花环象征着宙斯,大部分时候都和皇室成员或者至少是位高权重的人联系在一起。2009年,在旁边又发现了一个同样的墓。这第二个墓中的骸骨已经严重损毁,无法鉴定年龄和性别了,不过第一个墓中的骸骨显示是一个青少年男性的。所以哪怕只是猜测,我们还是很自然而然地会想到年少的赫拉克勒斯和他的母亲巴耳馨,他们虽然被谋杀了,但是也许还有某些马其顿保皇党人疼爱亚历山大的后人,哪怕只能悄悄地,也要给予这位伟大的马其顿国王的后人应有的体面,于是偷偷地以皇室规格埋葬了他。当然了,我们在表达方面必须非常谨慎,不能说这个墓'就是'他的墓,而是说'有很大的可能性是'。"

"也就是说,马其顿已经乱作一团,分裂成不同的王国各自为政了。那么希腊的其他地方又是什么光景呢?"

"各个不同的城邦都在努力争取独立,不过这种尝试也很快就结束了,因为继承者们的大军没有给他们留下多少余地。因而所有未被继承者们的王国染指的城邦都抱成一团,也就是结成同盟,以便共同进行防御和攻击。最大的两个同盟分别是伯罗奔尼撒的亚该亚同盟和希腊中部的埃托利亚同盟。"

"结盟有用吗?人多真的就力量大了吗?"

"不论是埃托利亚还是亚该亚,这两个同盟都成了希腊不容小觑的势力,它们也参与到各种战争争斗之中,在此期间像换衬衫一样不断地更换盟友,交换利益。"

"我想问一下——虽然我之前也问过,而且这次应该也会得到一样的答案——在你提到的这些纷纷扰扰之中,在这些战乱之中,令人瞩目的文明发展也同时存在吗?"

"是的,亲爱的。因为在整个古代,战争总是以这样或那样的形式存在着,从未消失过。更别说我们还没有提到全部的战争——那得有多少啊?我们甚至都没法全部知道。战争总是无休无止的,就像疾病肆虐、死亡率高、预期寿命短、人类存在价值缺失等问题一样没完没了。适应能力极强又不安分的人类,永远都在水深火热之中创造文明。"

"那么,古希腊文明还是继续像古典时期一样吗?"

"希腊化时期的事物已经变得完全不一样了,希腊人的生活方式传播到了当时西方人所知的整个世界,新的事物带来了新的刺激。我们所有人都知道希腊化时期那个最伟大的文化成就,将它看作包含了古希腊世界所有秘密和知识的伟大奇迹,研究它,怀念它,为它披上神秘的面纱,那就是亚历山大里亚博物馆(Μουσείο της Αλεξάνδρειας)。"

"埃及的那个亚历山大里亚[①](Αλεξάνδρεια)?"

"当然!那是希腊化时期最重要的城市,或者至少也是最重要的城市之一。光是想想它的港口是古代最大的港口,你就能理解这个城市究竟有多大了。"

"最大的港口?你指的是往来船只和商品数量吗?"

"还有容量。你想想啊,当时在西西里有另一座希腊大城市,叙拉古。叙拉古的僭主希伦二世(Ιέρωνας Β')曾经想要打造一艘当时最大的船。他用了打造60艘普通船只所需的木材,用了

---

① 现埃及亚历山大港。——译者注

来自西班牙的缆绳、来自法国的沥青，总之用了从各地收集来的最好的材料，并请了当时最聪明的人阿基米德（Αρχιμήδης）来当总工程师。那艘船有20排桨、3层甲板。最下面一层是用来运输货物和供仆人们使用的，有仓库、马厩、面包房、木工房、磨坊，甚至还有一个水族箱。中间那一层是正式的厢房，有30间四人间，有健身房、花园和阿佛洛狄忒神庙。最上面一层有各种作战器械、投石机、弩炮……这完全就是一个漂浮的小王国，人们可以在上面用餐、生活、娱乐，乃至战斗。这艘船叫作'叙拉古号'。"

"后来呢？这艘船有博得满堂喝彩吗？"

"引来了无限唏嘘！因为这艘船实在太过巨大了！除了亚历山大里亚的港口，没有其他哪个港口能容它停靠。就这样，可怜的希伦只好把它作为礼物送到了埃及，自那以后，这艘船就被泊在那里的港口当作浮宫使用了。"

"哇哦！果然，听起来亚历山大里亚确实大得令人震撼。你刚刚还说到了博物馆？带展品的博物馆吗？"

"不是这种博物馆，跟今天的博物馆不一样。亚历山大里亚博物馆更像我们所说的科学研究中心，将它称作'博物馆'是为了致敬缪斯们（Μούσες）[①]，就是宙斯和代表了力量与记忆的女神谟涅摩叙涅（Μνημοσύνη）所生的9个女儿。博物馆自然需要书，

[①] 希腊语中单词"Μουσείο"（博物馆）的词根是"Μούσες"（缪斯）。——译者注

那书要放在哪里呢？放在著名的亚历山大里亚图书馆。"

"他们为什么会想到要建这么一个图书馆呢？"

"亚历山大大帝的将军和朋友托勒密，同时也是他在亚里士多德的学校里的同学、托勒密王朝的创建者，是一个学识渊博、崇尚文化和艺术的人，因此他决定要做一件史上独一无二的事。托勒密建立了博物馆这样一个思考与研究的地方，并邀请了那个时代最有才华的人们过来。他对那些人许以重利并信守了自己的承诺，对所有来到亚历山大里亚的知识分子都包吃包住、薪资丰厚。另外，对于他们想要进行的任何一项研究，托勒密都提供了额外的资助，还免除了他们的税赋……总之就是让他们的研究没有任何后顾之忧！当然了，为了让研究取得更好的成果，必须汇聚当时所有的知识，而且不仅仅是汇聚，还要研究、试验、修正、加以确认，概括来说，就是深度和广度并重。最终，亚历山大里亚图书馆拥有了古代世界所能收集到的数量最多的书籍。"

"他们是怎么找到并收集到这么多书的？我觉得那个时期还没有印刷术，书籍应该是非常稀有的，抄本应该也很少吧。"

"首先，当时所有流通的书籍都被没收上来了。其次，他们派出了一支搜刮手稿和书籍的队伍，通过各种明里暗里的手段收集整个地中海所有的书面资料。比如他们去到雅典，那里保存着三大悲剧诗人埃斯库罗斯、索福克勒斯和欧里庇得斯的正式手稿。他们向雅典人索要这些书，雅典人理都不理他们。于是，亚历山大里亚的人就向雅典人提议把书借给他们拿回去抄，抄好了再送回来，并同意支付整整 15 塔兰同作为保证金。"

"那是很多钱吗？"

"那是一笔巨款。1 塔兰同足以支付一艘三桨座战船上所有人员一个月的薪酬。雅典人觉得他们既然敢留下这么大一笔保证金，应该是真心诚意会把书还回来的。他们取走了书，抄写了抄本，却把抄本送回来还给了雅典人，哪怕失去保证金也在所不惜。亚历山大里亚在收集书籍方面就是这么狂热。"

"我觉得那个图书馆应该很巨大很震撼，对吧？"

"可惜关于那个图书馆我们知道得并不多，也完全不知道它长什么样。不过总的来说，你别把古代的图书馆想象得跟今天的一样，主要是因为以前没有书本，有的都是莎草纸卷轴。当然了，我们知道那里确实汇聚了所有的——或者几乎所有的——古代知识，这些知识在那里得到了研究、记录、分析和保全。亚历山大里亚是希腊化时期名副其实的文化中心，但并不是唯一的。另外一座小城，位于小亚细亚西北部的帕加马（Πέργαμος），即将成为一个强大富裕的希腊化王国的首都。帕加马非常羡慕亚历山大里亚的魅力，并决定自己也建一座图书馆用来汇聚文化。二者就这样展开了文化竞赛。据说埃及因为努力想要赢得竞赛，决定禁止向帕加马出口莎草纸。"

"哦？那又如何？别的地方没有莎草纸吗？"

"没有。莎草纸是当时最常用的书写材料，而且被埃及垄断了。帕加马没有因此退缩。当时皮革也是偶尔会被用来书写的材料,帕加马便着手改进皮革的处理技术,将它做成了一种新潮的书写材料——羊皮纸。可是帕加马并不满足于此,它成了艺术的先锋,艺术因而变得更加多姿多彩。我们将如此多姿多彩的艺术风格称为'希腊化巴洛克风格',当时有各种群雕和单体雕像组。"

"二者有什么区别?"

"群雕指的是各种雕像混合交织在一起,比如著名的《拉奥孔》(*Σύμπλεγμα του Λαοκόωντος*)。而单体雕像组是指单独的雕像一个个并排而立,就像在走秀台上一样,比如德尔斐的《达奥赫斯单体雕像组》(*Σύνταγμα του Δαόχου*)。"

"也就是说,这一时期的雕刻风格发生改变了?"

"雕刻艺术早已实现了飞跃。这一点从《帕加马祭坛》(*Βωμός της Περγάμου*)中展现神祇们与巨人战斗的成百上千座巨大雕像就可以看出来,从《萨莫色雷斯的胜利女神》(*Νίκη της Σαμοθράκης*)也可以看出来。雕像展现的是胜利女神准备飞天的场景,女神身上的衣裙在逆风中贴着身体随风摆动。"

"那么陶器艺术呢?依旧是雅典的黑彩陶和红彩陶陶瓶吗?"

"在陶器艺术方面,陶瓶的制作从未停止过,只不过不再是曾经风靡整个地中海的黑彩陶和红彩陶风格了,人们又创造出了各种其他类型的陶器风格。"

"嗯,果不其然,潮流永远都在改变。"

"这个时期流行单色陶瓶,有红色的,不过大部分是黑色的,上面有非常精美的装饰,像刺绣一样。这种风格叫作'西坡风格'。"

"这叫什么名字?"

"因为最早出土的这种类型的陶瓶是在卫城的西坡被发现的,西坡也就是卫城的西面。在那一面还有一处柱廊,是帕加马国王建造的送给雅典的礼物。"

"为什么要讲到这个?"

"嗯……因为我们之前讲到过希腊化时期的众多国王,然后刚刚又提到了卫城。"

"那为什么说那处柱廊是'礼物'呢?"

"柱廊是古希腊非常重要的建筑之一,而且在希腊化时期非常流行。那时候到处都建有柱廊。那是一种非常简洁的梦幻般的建筑,它实际上就是一条有顶盖的走廊。其中一头是封闭的,可以建一些各种用途的房间,比如仓库、商铺、档案室、餐馆,总之就是你能想到的任何用途都行。另一头是开放的,以柱子支撑,便于通风和采光。封闭的一头在北边,这样能在冬天阻挡北风。开放的一头在冬日里有利于低矮的阳光照射进来,温暖屋里的空间;在夏日里则能遮挡艳阳,让屋子在阴影下保持凉爽。"

"所以那些哲学家就在里面待着聊天吗?"

"是的,但是不仅仅是哲学家们。哲学家们可以在那里进行公开的讨论,哲学也在希腊化时期得到了进一步发展。一大批哲学家要么在古典时期前人的基础上继续钻研,要么创建了自己的哲学理论和流派。伊壁鸠鲁学派(οι Επικούριοι)和斯多葛学派(οι Στωικοί)就是在这个时候一飞冲天的。"

"百花齐放啊！"

"这一场文化盛宴也吸引了意大利中部一座小城的注意，那座小城已经开始崛起并即将改变整个世界。当时的罗马并不出众，但是在那个时期它开始与古希腊文明有了诸多交流并让人大为震撼。"

"那如你所言，它是怎么从一座小城发展到征服世界的呢？"

"罗马在控制整个地中海的过程中有两大对手：西边的迦太基人（Καρχηδόνιοι）和东边的希腊人。这两个对手都曾袭击过它的领土。希腊人这边，伊庇鲁斯的国王皮洛士（Πύρρος）曾与罗马交战，皮洛士是一位传奇的将军，是亚历山大大帝的表兄弟。"

"当时的伊庇鲁斯是一个强大的王国吗？"

"非常强大。当时，这个地方正处于摩洛西亚王朝（Δυναστεία των Μολοσσών）的统治之下。"

"这个名字不是狗的品种名吗？"

"恰恰相反，那些狗被叫作'摩洛希亚犬'是因为它们就是伊庇鲁斯的犬种！伊庇鲁斯有一个非常强盛的王朝，而摩洛希亚的公主就是奥林匹娅丝，就是跟马其顿的腓力二世结婚并生下了亚历山大大帝的那位。"

"也就是说，亚历山大大帝有一半的伊庇鲁斯血统。"

"伊庇鲁斯人也对此感到非常自豪。我们刚刚说到的皮洛士，他对那位著名的表兄弟是既崇拜又嫉妒，最终决定自己也要当一个征服者。他跑去打意大利,尽管不停地打胜仗,但是也遭受了超乎想象的损失。'皮洛士式的胜利'这个词就是这么来的,指的是一种得不偿失的胜利,因为为了取得胜利而付出的代价实在是太大了!"

"可是罗马人不是打败仗了吗,难道他们就没有损失?"

"当然有,但是罗马人有一样东西是皮洛士没有的:后备部队。他们能够招募新的士兵,而皮洛士只有他带到意大利半岛来的那些士兵,所以不得不让他们继续战斗下去。罗马的另一个强劲对手迦太基也是由于同样的原因才战败的。"

"稍微介绍一下迦太基呀。"

"迦太基是西地中海最大的腓尼基城市,这座城市非常古老,最早是腓尼基海岸的殖民地,后来发展得非常强大,强大到脱离了它的母城,自己单独成为一座城市,并且在整个西地中海建立了不同的殖民地。它与当地的那些希腊殖民地一直处于竞争状态。当然,后来也开始与罗马竞争。当时罗马几乎要被汉尼拔(Αννίβας)打趴下了。"

"谁是汉尼拔?"

"迦太基人汉尼拔是一位传奇的将军,他将战线推到了罗马境内,横扫今天的西班牙和法国南部,带着他的战象越过阿尔卑斯山(Άλπεις),在战场上不断地击败罗马人。"

"他是怎么做到的?"

"这个家伙是个名副其实的军事天才!他就像猫玩老鼠一样

把那些罗马军团耍得团团转。可是正如我们前面所说的，罗马有一样东西是他没有的：后备部队。"

"罗马在自己的战场上打得很辛苦吗？"

"很辛苦，而且很抓狂。不过反攻的时机也到了。它先对付了迦太基人。由于地中海西部也有希腊人居住，而那里的希腊人也跟迦太基人不和，因此，罗马就利用希腊人来对付迦太基人，利用迦太基人来对付希腊人。这个计策果然奏效了。而在东地中海那边没有迦太基人，他们就利用希腊人去对付希腊人，计策在这里又奏效了。"

"可是迦太基只是一座城，而希腊这边有许多个王国，不是吗？跟对抗一座城相比，对抗所有的希腊人对罗马来说难道不会更困难吗？"

"可它并不是一次性跟所有人开战的啊！它先是跟马其顿开战，经过多番努力并在南部的希腊人的帮助下，于公元前168年在彼得那（Πύδνα）战役中打败了马其顿末代国王珀尔修斯（Περσέας），珀尔修斯都被马其顿给打趴下了。"

"希腊的其他地方呢？"

"在20年后，最终也被罗马人全部占领了，其中最重要的事件就是公元前148年的科林斯大毁灭。其余的城市也同样无法幸免。罗马将军苏拉（Σύλλας）在围困雅典时没有展现出一丝一毫的仁慈。雅典代表团前去与他会面，试图通过打感情牌来说服他，对他说旧时的雅典是如何重要，雅典的文明是如何发达。过去若搬出这套说辞，其他领导者都会基于对希腊文明的喜爱而采取展现仁慈的举措。可是苏拉不是这样的领导者，他只是淡淡地说：'雅典是知识的摇篮，这件事与我何干？我又不是来上课的，我是来平定起义的。'于是雅典被洗劫一空，成千上万的艺术作品被作为战利品送到了意大利。而雅典的沦陷自然也给其他希腊城邦结结实实上了一课。"

"所以希腊的其他城邦幸免于难了吗？"

"其他城邦也以这样或那样的方式被征服了。小亚细亚对面那个富裕强盛的希腊王国帕加马也被罗马继承了。"

"继承？什么意思？从谁那儿继承？怎么继承？通过遗嘱继承吗？国王写了一封遗嘱说'我的王国送给罗马'？"

他被自己这种荒唐的猜想逗笑了。

"就是这样的，你别觉得可笑！"

他不笑了，翻了个白眼。

"帕加马王国确实是被他的末代国王作为遗产送给罗马的，他在遗嘱中写明了。帕加马人民的抵抗全都付诸东流。罗马接收了所有赠予它的领土，之后又征服了塞琉古王朝和余下与之对抗的地区，最后只剩下一个希腊王国还没被征服，就是埃及的托勒密王朝。这个王国让罗马人吃了些苦头。它的末代女王是著名的克利奥帕特拉（Κλεοπάτρα）。尤利乌斯·恺撒（Ιούλιος Καίσαρας）与她会面接触后，便爱上了她。不过恺撒是一个独裁者，后来被人谋杀了。"

"'独裁者'?你是想说'皇帝'吧?"

"很多人都搞错了,尤利乌斯·恺撒从来都没有成为罗马的皇帝。罗马帝国这个国家政体是在他死后才建立的。当时罗马实行的还是寡头体制,叫作'Res publica'。'Res'是'事物'的意思,'publica'是'公共'的意思,所以'Res publica'就是'公共事物、公共事务'的意思。"

"'共和政体'(Republic)这个词就是从这里出来的吗?"

"即使是在今天的美国,这个词也还是与更为保守的一派联系在一起,而不是与民主联系在一起。"

"那罗马人是什么时候才开始停止共和体制的?"

"在恺撒死后不久。不过在深爱克利奥帕特拉的恺撒死后,帝国建立之前,另外一位罗马将军马克·安东尼(Μάρκος Αντώνιος)去了亚历山大里亚,他也爱上了克利奥帕特拉。"

"这个女人是抹了蜜吗?"

"肯定有其过人之处。自古就有人说她是红颜祸水,当然了,她的名声并不好!安东尼有一个对手叫屋大维(Οκταβιανός),屋大维趁此机会煽动民间舆论反对安东尼。保守的罗马社会站在了屋大维这边。安东尼离开了罗马,之后又被这个女人迷得七荤八素,搞得好像没见过这种……外国女人一样!之后内战爆发了,实质上这是一场罗马对埃及的战争,因为安东尼站在克利奥帕特拉这一边,或者说克利奥帕特拉站在安东尼这一边。屋大维的舰队与安东尼和克利奥帕特拉二人的舰队在爱奥尼亚海普雷韦扎（Πρέβεζα）附近的亚克兴（Άκτιο）决战，最终屋大维大获全胜，安东尼和克利奥帕特拉双双自杀。罗马成了整个地中海的霸主。之后屋大维变革了一切，连他自己的名字也改成了'恺撒·奥古斯都'（Καίσαρας Αύγουστος），并成为罗马帝国第一位皇帝。"

"罗马帝国就这样建立了？就是那个尔虞我诈、声色犬马、诡计多端的罗马帝国？"

他狡黠地笑了笑。

"看来你对罗马的传统有一点点误解啊！"

"它不是一个黑暗帝国吗？"

"说到黑暗，我的朋友，黑暗的是整个古代。你看啊……"

问 答

古代有黑暗的一面吗？

"我们习惯了将古代社会想象成一个奇迹般的存在，它确实如此，但它并非只有光明的一面。如果你想要了解古代，就必须同时了解它黑暗的一面。"

"你不是在抹黑古代吧？"

"完全没有。所有的事物都有其黑暗的一面，我们不能也不应该让这种黑暗面抹杀古代社会辉煌的一面，但这种黑暗面也不能被忽视。同样地，如果你真的想要了解真实的过去，就必须承认并理解那些阴暗面，为人类在各个方面的进步感到高兴，并抓住这种光明与黑暗相结合的认知的本质。"

"古希腊有什么黑暗面？说点儿具体的。"

"古代社会缺少对弱者的尊重，认为残疾就是原罪，不论是天生残疾还是后天致残。就像我们前面所说的芙里尼的那种情况，天生美貌意味着受到神的喜爱，而如果是相反的情况的话……"

"说明被神唾弃！"

"以前没有'残疾人需要我们的支持才能改善生活'这种观念。很多生下来有毛病的孩子都很可能被丢在荒郊野岭，失救而死。"

"你指的是斯巴达吗？那个凯亚达斯洞窟？"

"不仅是斯巴达，当时整个希腊都是如此。如果有人认为那种生下来有某种问题的孩子养不活，或者单纯地就是不想要这个孩子，那么这样的孩子通常就会被丢到山里喂野兽！你知道忒拜的俄狄浦斯①（Οιδίποδας）为什么叫这个名字吗？因为他爸爸在他的脚底打了两个洞，用绳子穿着把他吊在一棵树上让他等死。这个残忍的举动在他的脚上留下了肿块，这肿块便成了他的特征。当然了，很可能大部分被丢出去等死的孩子都不是男孩，而是女孩。在某些时期、某些地方，女性并没有权利。当然了，说女性无论何时何地都低人一等也是不对的。但总的来说，在古希腊的古典时期，在大部分的地方，女性这个占据了50%人口数量的性别，是被剥夺了基本人权的。幸而这些基本人权在今天已经成了我们的常识，这都是经过了实实在在的斗争才赢得的。"

"可是还有女神呀，神祇里边并非只有男的。神话里面女性的地位并没有那么低。"

"真的吗？好吧，我得承认从这个层面来讲，两性是有某种程度的平等的。但是在神话传说中'人'的层面上呢？为了更好地理解这

---

① "俄狄浦斯"在希腊语中的意思是"肿胀的脚"。——译者注

一点,咱们以各种神话传说为女性所创造的形象为例,很明显这些神话传说主要是由男性编造出来的。例如美狄亚(Μήδεια),遥远的科尔喀斯(Κολχίδα)王国的公主,国王埃厄忒斯(Αιήτης)的女儿,她决意要和那个带着一整船阿尔戈英雄、不请自来并偷走了金羊毛的伊阿宋(Ιάσονας)私奔。就算美狄亚的父亲埃厄忒斯真的是个坏人,是个无道的君王,就算你能在他的犯罪记录中找到他所犯的一堆错误,哪怕只是为了证明他所受的惩罚是罪有应得的、而罗列的罪证是牵强附会的,美狄亚也并没有惩罚他本人。她带走了年幼的弟弟阿布绪尔托斯(Άψυρτος),然后在埃厄忒斯驾船追赶的过程中,将这个孩子的身体一块一块砍下来丢到海里。埃厄忒斯停下来打捞收集自己孩子的躯体而延误了追击,阿戈尔英雄们因此得以逃脱。后来,美狄亚与伊阿宋的关系出现了恶化,她为了报复伊阿宋而杀害了二人所生的孩子,之后便消失了。女性被描绘成不可理喻的、残暴野蛮的形象,而男性则被描绘成正直的受害人形象。"

"嗯,可是这只是神话故事中的一个啊。"

"但并不是只有这一个。普洛克涅(Πρόκνη)和菲罗墨拉(Φιλομήλα)的故事也是类似的结局。这两人是一对姐妹。色雷斯的国王忒雷俄斯(Τηρέας)娶了普洛克涅并和她生下了儿子伊提斯(Ίτυς)。但是他强暴了普洛克涅的妹妹菲罗墨拉。为了报复他,这两姐妹杀害了年幼的伊提斯然后逃跑了。夜莺阿伊多那(Αηδόνα)和燕子喀里多那(Χελιδόνα)的故事也是这样,只不过名字更难听一些。"

"又是女性复仇者!"

"你有没有发现什么?所有的这些以男性为中心的神话故事,都强调用剥夺继承人来凸显对父亲的惩罚。而故事中所展现出来的母亲形象,或者说女性的总体形象,都是血腥且无情的,女性作为母亲是没有任何情感的。神话故事中只有一位母亲因反对用自己的女儿献祭,敢于反抗凶残的丈夫,那就是迈锡尼王后克吕泰涅斯特拉(Κλυταιμνήστρα),她从来不肯同意阿伽门农(Αγαμέμνονας)为了发动特洛伊战争而献祭他们的女儿伊菲革涅亚(Ιφιγένεια)。但是她也被描述成了一个黑化的恶妻,在丈夫外出征战掠夺的10年里找了个情夫。很明显,前面提到的神话故事中所有的女性形象都不是健康正常的。当然了,并非所有神话故事中的女性都是偏执的儿童杀手,只不过我们能从神话故事里发现一些病态的父权观念。"

"哦,好吧,我明白了。我之前从没想过是这样的。不过除了女权这方面,还有其他什么黑暗面呢?"

"古代女性并不是唯一被不公平对待的群体。如果你生而为奴,那么你的生活也不会好到哪里去。不过这种好坏是非常主观的。一个跟随着在城内生活的富裕的主人,并且能融入主人家庭环境的家内奴隶,和一个矿井里的奴隶的境况不可同日而语。矿井里的奴隶如果在极其恶劣的环境中死掉了,很可能只会让他的主人感到恼怒,因为还得花力气把他的尸体弄出来。前一种奴隶则有可能比某些穷困潦倒的自由公民还要幸运,而且很多时候他们还可能赎回自由,或者由主人赐予他们自由。"

"这种奴役是终身的吗?是无法摆脱的吗?"

"不是,少数情况下,主人在年迈的时候,对于某个跟随了自己一生的奴隶,他可能会签一份合约并将合约发布给神庙——就像我们今天做公证一样,合约中会写明在他死后,某某某奴隶将获得自由,且任何人不得剥夺这份自由。另外,奴隶们还能领到工资,很多时候,凭借他们领到的工资也能赎回自由。在极少数罕见的情况下,主人和奴隶之间的关系非常深厚。比如女奴埃斯赫丽[①](Αἰσχρη)。这叫什么名字啊,对吧!这应该不是她的本名。她是一名来自弗里吉亚(Φρυγία)的女奴,'埃斯赫丽'可能是给她起的新名字,就像我们说的'普通人'的意思。埃斯赫丽是一个淘气的小男孩米克斯(Μίκκος)的乳母,同时也是他的家庭教师。后来米克斯长大了,女奴也老了,这个年轻人便开始照顾她。在女奴死后,米克斯还为她立了一座纪念碑,碑上写着'米克斯照顾来自弗里吉亚的埃斯赫丽一生'。这座纪念碑是立给后人看的,这个老妇人得到了她曾经以乳汁哺育那个孩子所应得的回馈。"

"别说了,听得我好感动!"

"最后我反问一句:你认为谁的生活水平更好呢?是罗马帝国那些忠诚的家内奴隶,还是在各种艰苦条件下和一大家子挤在一个小破窝里的自由的工人?"

"你是在暗示当奴隶更好?"

"完全没有!奴隶制就是一场名副其实的悲剧。对我们来说,剥

---

① 这个名字含有"违背道德的人""卑鄙小人"的意思。——译者注

夺一个人的自由是不可理喻的，自由本身和我们是不可分割的。另外，世界范围内也发生了各种以废除奴隶制为目标的斗争。不过既然我们想要看得更加全面，就不得不承认有时候仅仅作为法律上的自由人是不足以保障生活质量的。另外，在罗马统治世界之后，罗马很多出色的希腊人都是罗马富人的奴隶，只不过是作为罗马人孩子的老师而已，因为每一个有文化、有内涵的罗马家庭都必须会讲希腊语并懂得希腊文化。"

"为什么会这样？"

"因为希腊和罗马的文化结合可能是世界历史上最奇怪、最独特的一种结合了。"

"太让我震惊了！"

"正常，因为这个事情确实令人叹为观止。你看啊……"

第十二章

多么致命的温柔

✠ 罗马时期 ✠

"在这个时期,罗马已经成了整个地中海的霸主,不仅如此,它的扩张还从不列颠群岛潮湿阴郁的牧场一直延伸到北非和阿拉伯炎热崎岖的沙丘。整个希腊的主要区域只不过是这个庞大帝国中的几个中心行省,平静的中心行省。希腊接受罗马,罗马也尊重希腊。许多历史学家都分析过希腊与罗马之间的关系,迄今为止,这种关系在世界历史上仍然是独一无二的。"

"二者的关系有什么独特性?"

"两地人民既相似又有着许多的不同,在历经多年战争冲突后,二者终于达成了共识,可以说他们已经爱上了彼此,而且爱得深沉。从最初的接触中，希腊人便非常欣赏罗马人的纪律性、创造性和果断性；而罗马人则为希腊人的思想和艺术深深折服。罗马人是如此地热爱希腊文明，甚至努力想要通过《荷马史诗》和特洛伊战争的故事来说服自己和其他人，说自己也是源于希腊文明的。罗马人自认为是阿佛洛狄忒的后代。"

"这是怎么回事？"

"根据神话传说，有一次女神阿佛洛狄忒爱上了一个叫安基塞斯（Αγχίσης）的特洛伊人，并和他生了一个儿子，这个儿子就是埃涅阿斯（Αινείας），一个在特洛伊战争中为特洛伊而战的战士。在他的城市沦陷之后，他将年迈的父亲扛在肩上，一手抱着心爱的独子阿斯卡纽斯（Ασκάνιος），成功登船逃离了屠杀。埃涅阿斯四处漂流历尽艰辛，就跟奥德修斯一样，最终到达了意大利中部。在那里，他的后人罗慕路斯（Ρωμύλος）和雷穆斯（Ρέμος）——或者叫罗穆斯（Ρώμος）——创建了罗马。由此延伸开来，罗马便将阿佛洛狄忒当作母神来崇拜，就这样，罗马有了自己的史诗英雄。"

"这些是荷马说的？"

"不是，是维吉尔（Βιργίλιος）说的。在古罗马的黄金时期，维吉尔为了模仿荷马，对应《奥德赛》和《伊利亚特》写了一部非常著名的史诗,《埃涅阿斯纪》(Αινειάδα)。"

"罗马人对于和希腊人拥有同样的身份认同以及模仿希腊人这种事竟然这么狂热？"

"是的,因为他们崇拜希腊人。作为阿佛洛狄忒的后代和荷马英雄们的子孙,罗马人也得到了部分希腊遗产,他们可以参加泛希腊竞技赛,类似于以三代表亲的身份参赛,哪怕不是血亲。罗马人说着流利的希腊语,喜欢到希腊旅行,到各个古城观赏,这种希腊热已经发展到流行狂潮的程度。自然而然,罗马人也都不可避免地崇尚希腊艺术。"

"你是指他们制作跟希腊一样的艺术品?"

"不仅如此,他们还想拥有'希腊正品'。各种装着希腊艺术品的船只不断地从希腊的港口开往罗马,但其中有些船永远也到不了罗马了。很有可能大名鼎鼎的安提基特拉沉船(Ναυάγιο των Αντικυθήρων)就是其中的一艘,就是在里面发现了安提基特拉机械(Μηχανισμός των Αντικυθήρων)的那艘沉船。"

"安提基特拉机械是什么?"

"那是一个非常复杂的机器,用于计算和测量天体运动。在那场不幸的沉船事故中,带着它乘船前往罗马的乘客葬身海底,它也因此被保存了下来。当时那艘船遇上了大风浪,龙骨被撞断,所以沉没了。几百年后,船上装载着的那些精美的雕像重见天日,其中那些没有被海底泥沙埋起来的大部分,全部被海水或者海底那些奇奇怪怪的生物吞掉了。总的来说,沉船埋得越深,里边的文物就保存得越好,因为越接近海面,浪潮越是汹涌。"

"好吧,罗马从和希腊的这段'恋爱关系'中收获了很多,那它有付出什么吗?"

"付出了。首先罗马提供了一种希腊人仅凭一己之力很难得到的东西：和平。'罗马和平'（Pax Romana）这个词是众所周知的。另外，他们还建造了更好的道路网。古希腊人最好的道路也只是泥巴路，路网中的大部分地方就只在泥里或者石头上开凿出两道车辙以供动物拖车的车轮通过而已。"

"可是古希腊人怎么知道应该设计多宽的车辙？"

"他们只需要依照车辙的宽度来设计马车就好了。但是罗马人发明了铺了路面的道路。这都是什么样的路啊？太漂亮了！一条条大道穿过高山，越过平原，跨过河流和山沟，带着你从帝国的一头通往另一头。哦对了，'条条大道通罗马'（Όλοι οι δρόμοι οδηγούσαν στην Ρώμη）这句话也是众所周知的。而且他们还保障了出行的安全。"

"在那之前出行安全没有保障吗？"

"在古希腊，道路是没有任何国家机关管理的，各个城邦只管自己境内发生的事，因此，外出的旅人就要自行面对野性的自然和各种强盗的威胁。这也是在整个古代人们通常选择乘船出行的又一个原因：乘船更快，而且稍微更安全一点点。"

"为什么只是'稍微一点点'？"

"因为正如我们前面所说的，古代人是非常迷信的。而且，以前没有固定航线的船只，所有的船只要么是渔船，要么是战船，要么是商船。这三种船中只有第三种对普罗大众来说比较方便。如果一个人要乘船，他必须到码头等着，看什么时候有船开往他要去的目的地。可是在付了船费之后,如果在登船的时候有人打喷嚏了,那就是凶兆,船不能开;如果有黑鸟落在缆绳上了,那也是凶兆,不能起航;如果某个乘客在前一夜做噩梦了,也是凶兆,哪儿都不能去;如果祭祀不顺利,同样也不能出发。就算好不容易一切都顺利了,还得等到风向对了才行。仿佛这般千难万阻还不够似的,接下来还有可能遇上海盗。这种风险在罗马帝国时期倒是降低了不少。"

"也就是说,罗马人做得很好。"

"是的,他们做得很好。他们还建了更多实用的建筑,包括引水道、多层公寓楼、公共浴室、公共厕所、排污系统等。总的来说,他们大大提高了人们的生活水平。他们改变了很多东西,正如希腊人在几百年前受到东方各民族的启发而创造了属于自己的'更好的'东西一样,罗马人也受到了希腊人的启发,从而创造了属于他们自己的东西。二者根本的不同在于规模的大小。比如说,希腊人有浴室,罗马人也在罗马建了许许多多的浴室。希腊的浴室小巧实用,而罗马帝国时期的罗马居民则必须在各种大型浴场之间做选择,浴场中摆满了各种雕像和艺术品,设有娱乐场所,甚至还有专用的图书馆为沐浴者提供精神享受。"

"但是罗马人还是基于希腊建筑风格来进行建设的吧?"

"是的,二者在建筑风格上非常相似。不过,相较于希腊人喜欢的多利安风格和爱奥尼亚风格,罗马人更喜欢科林斯风格一些。因此,不论是在希腊还是在地中海其他地方,你看到的科林斯风格柱头，通常都是在罗马时期建成的，比如奥林匹亚宙斯神庙的石柱。另外，当你看到用薄红砖砌成的古墙，那也是罗马的工艺，这种例子可以在塞萨洛尼基、普雷韦扎的尼科波利斯（Νικόπολη）和其他地方看得到。"

"也就是说，塞萨洛尼基和尼科波利斯都是罗马城市？"

"塞萨洛尼基是之前就存在的，而尼科波利斯是在罗马时期建立的。不过这两个地方都有很多罗马时期的遗迹。我们为了叙述方便将之统称为'罗马遗迹'，但是有可能有一些是罗马时期的希腊人建造的。比如卫城脚下的希罗德剧场（Ηρώδειο），就是典型的罗马遗迹，但它是一个非常有钱的雅典人建造的，那个人是阿提卡的希罗德（Ηρώδης ο Αττικός）。"

"希罗德可真是出手阔绰。"

"他建这个剧场只不过是为了做个样子给雅典人看，我的朋友！因为他，他怀孕的妻子里吉拉（Ρήγιλλα）鲜血淋漓地死在家里了。"

"被他杀了吗？"

"他让一个奴隶踢她的肚子，她和孩子都死了。他妻子的家人向来反对这门婚事，便将他告上了法庭。当然了，希罗德是当时罗马皇帝的朋友，因而逃脱了法律的制裁。不过为了安抚民众的情绪，也为了把自己包装成一个悲痛的鳏夫，他建造了希罗德剧场来表示对妻子的纪念。不过完全否定他未免有失偏颇，咱还是得说，他确实是一个艺术支持者，而且在那个时期，艺术依旧很受欢迎。"

"不过说到艺术,你刚才说他们很多时候都在复刻希腊的艺术?"

"在艺术方面他们可能是在崇拜并模仿希腊的创造,不过他们也贡献了一种前所未见的创造:肖像。希腊人喜欢对人像进行理想主义渲染,而罗马人喜欢写实。不管元老院的议员是如何满脸皱纹,不管贵族小姐长得有多么地难看,他们都还是想看自己的雕像,类似于说:'嘿,我才是付钱的人,所以我不要刻一个随便什么人的雕像,我就要刻我自己的雕像。'"

"那希腊人对于这种共存的状态是什么反应?"

"所有迹象都表明他们接受得很好。你难道不觉得很神奇吗?希腊在被罗马占领期间从未发生过起义或者自发的政变。希腊人在罗马的统治下生活得很舒服,完全不想改变生活现状。和平有了,经济也繁荣了,希腊的艺术和生活方式也被接受了,希腊语也成了国际语言,至少在帝国的整个东部区域都是如此。这一点从文字的发展,包括从世界上其他地区的文字工作者身上,也可以看出来。"

"举个例子来听听。"

"以琉善(Λουκιανός)为例,他是来自萨莫萨塔(Σαμόσατα)的叙利亚人,最开始是一个雕刻学徒,但是他作为学徒毫无用处,于是雕刻工坊的老板,也就是他的叔叔,把他踢出了工坊。之后他接触到了文字,把希腊语学得比自己的母语还要好。通过学习,他找到了生命的价值。他的想象力简直无与伦比!"

"你是指对于那个时代而言?"

"哪怕放在我们这个时代也是无与伦比的。他撰写了《信史》(Αληθή Ιστορία),这部作品极大地影响了古今作家对于那些虚构的神奇的陌生地方和人群的各种天马行空、子虚乌有的描述,它是史上第一部科幻小说。书中的主人公在游遍整个地球之后,去到了月球,发现那里的国王是一个被外星人拐过去的地球人。书里说,月球上的居民在金星开拓了殖民地,但是遭到了太阳之王的袭击,于是爆发了战争,对垒的两军骑着巨大的甲虫、大黄蜂和其他各种昆虫进行作战。"

"你是在开玩笑吧!这部作品怎么没拍成电影?"

"这都不算什么。在他另一部作品《辅音的审判》(Δίκη Συμφώνων)中,字母 S 将字母 T[①] 告上了法庭,说它偷了自己的单词。审判的法官由各个元音担任。"

"怎么就偷它单词了?"

"你没听过'大海!大海!'(Thalatta! Thalatta!)[②] 这句话吗?曾经在含有'ss'的单词中,这两个's'是可以用两个't'替代的。琉善还有其他的经典作品。在《交际花对话录》(Εταιρικοί Διάλογοι)中,他描写了古代交际花生活中的搞笑场景。在《诸神

---

① 原文中是希腊语,希腊语"σ"对应的是英语中的"s","τ"对应的是"t"。这里为了让读者理解方便,转成了英语书写,包括下文中的大海。——译者注

② 出自希腊史学家色诺芬的《长征记》(Κύρου Ανάβασις)。"thalatta"(希腊语是"θάλαττα")是古代阿提卡部分地区方言对"大海"这个单词的拼写方式,在其他大部分地区,这个单词的拼写是"thalassa"(希腊语是"θάλασσα")。——译者注

的对话》(Θεών Εκκλησία)中,他展现了十二主神开会的场景,会上的天神们都很焦虑,因为随着希腊的开放,会有外来神祇过来抢他们的饭碗。他们担心不再有花蜜和仙肴可以享用,又谴责狄俄尼索斯带来了长得凶神恶煞的潘神,不像其他神祇一样容貌俊美仪表堂堂,还谴责阿波罗拥有不止一份工作,既是音乐之神,又是医学之神,还是预言之神。"

"真可怜,他们说得也有道理!"

"最终,他们成立了一个由7个成员组成的检查委员会来查验所有神祇的合法性。"

"嗬,厉害了!好个琉善!为什么这些知识我们之前都没有学过?"

"你现在不就学到了吗?"

"现在不一样。"

"怎么就不一样了?学知识不就是为了获取并收集信息吗?这些知识是在什么情况下得到的重要吗?重要的是获得知识并加以使用。"

"你说得对。算了,你也别批评我了。既然罗马时期这么繁盛,那罗马帝国又是如何没落的?"

"正如各个史前文明衰落的原因很复杂一样,罗马帝国的衰落也是如此。当然了,其中肯定有欧洲中部和北部各民族入侵的原因,但当时罗马帝国也面临着很多其他问题,被迫再次陷入军国主义。后来它的某一任皇帝戴克里先(Διοκλητιανός)决定将帝国分为4个部分，实行'四帝共治制'（Τετραρχία）。塞萨洛尼基也因此有一段时间作为罗马帝国其中一个部分的首都，领导人是伽列里乌斯（Γαλέριος）。后来又发生了另外一场重大变革，出现了一个新的宗教，一个与其他所有宗教都不一样的宗教。"

"基督教？"

"没错！新宗教慢慢地开始传播。旧世界已经开始没落，旧宗教是严苛的，而新的信仰却提出了一种不可思议的承诺，一种对旧世界而言十分激进的承诺，那就是：绝对的人人平等，不论是男人还是女人，是白人还是黑人，是自由人还是奴隶。这种说法并不是第一次出现，一些古代宗教也有相应的说法，不过都是小规模的，或者只存在于神秘仪式之中，比如厄琉息斯秘仪（Ελευσίνια Μυστήρια），但这种神秘仪式只面向入会的成员以及那些能够触达厄琉息斯的人。"

"为什么这一次能够传播得这么广泛？"

"可能是因为这个新宗教不是等着别人去了解它，而是自行向人们传播的吧。而且它的宗教理念是面向所有人的，从最富有的人到最贫穷的人。可能还因为这一次有了书面制定的宗教教义的具体典籍。基于圣典去传播信仰并非前人的惯常做法，这个新的一神宗教因而传遍了整个帝国。尽管在创立的前几个世纪它也曾在内部争端和分裂中迷失，导致出现了很多不同的教义和派别，但是最终它还是站稳了脚跟。它出现的时期正好是罗马帝国开始出现颓势的时期。公元4世纪初的罗马亟须迎来一番新气息,皇帝君士坦丁(Κωνσταντίνος)决意要做出改变,他厌倦了已有的种种千篇一律的事情。斗兽场(Κολοσσαίο)、帕拉蒂尼山(Παλατίνος Λόφος)、特韦雷河(Τίβερης)……啊,真的是够了!他想要去度假,想一直度假,还把首都也迁走了。他把首都迁到了位于博斯普鲁斯海峡(Στενά του Βοσπόρου)的一座古希腊城市,拜占庭。"

"'拜占庭'是一座城市的名字?不是一个帝国的名字吗?"

"你搞错了。当我们提到'拜占庭帝国',或者'拜占庭人'以及其他相关事物的时候,这个'拜占庭'其实是一个新词,也就是由我们这些后人所赋予的概念。当时的人并不自称为'拜占庭人',他们的帝国也不叫作'拜占庭帝国'。"

"那叫什么?"

"当然是叫'罗马'或'东罗马帝国',因为它就是罗马帝国啊,至少是罗马帝国的延续。在现代,我们将那段时期称为'拜占庭时期',其实是因为当时的新首都君士坦丁堡是建立在拜占庭这座古希腊城市之上的。这座古城叫作'拜占庭'是因为它是由某个来自墨伽拉(Μέγαρα)的叫作'拜占斯'(Βύζαντας)的人在古风时期创建的,后来被君士坦丁改名为'君士坦丁堡',成了另一个时代的千年古都。古代已成为过去,后来那些哲学学院也关闭了,德尔斐神谕所也停止运作了,泛希腊奥林匹克运动会也停办了,那些象征着'偶像崇拜'信仰的豪放的裸体雕像也被彻底毁坏了。"

"那古代世界的所有知识呢？"

"一些有学识的崇拜思想的人保存了一些书面典籍，其他一些典籍因为非常出名而被保留下来，不太出名的那些则都失传了。很可惜，失传的典籍非常非常多。一些神庙由于被改成教堂而得以幸存。人们要等到许多年以后才能再次发现他们的古代遗产。幸而拜占庭时期的一些学者和僧侣崇尚古籍并竭尽全力地进行抄录，又在拜占庭帝国崩溃之后，他们中的大部分人带着书去了西部欧洲，而恰好当时西部欧洲的人已经从他们自己的中世纪中走了出来，已做好了欣赏古代瑰宝并受其启发的准备，所有这些最终促成了文艺复兴。就像来自本都（Πόντος）特拉布宗（Τραπεζούντα）的贝萨里翁（Βησσαρίωνας），作为一个被追缉的学者和教士去到了意大利，还差点儿成了教皇——如果他不是希腊人而是意大利人的话。贝萨里翁把自己收藏的数量巨大的古籍捐赠给了威尼斯，那些书籍现在依然是威尼斯圣马可图书馆的镇馆之宝。威尼斯圣马可图书馆（Μαρκιανή Βιβλιοθήκη της Βενετίας）是世界上最重要的图书馆之一，现存最古老的《伊利亚特》抄本——威尼斯抄本就存放在那里。"

这时，只听得一声轻响，随后电梯轻轻晃了一下，我们意识到电梯已经开始运行了，谈话也就被打断了。解困之后，我们谢过了消防员，几分钟后便已经生龙活虎地站在大楼之外了。

"非常感谢你的陪伴和交谈，时间不知不觉就过去了。"他说这话的样子让我相信他是真心诚意的。

"我应该谢谢你才是，可能我从中享受到的比你还多。"

"不论如何我们确实赶在出来之前讲完了整个古希腊历史，对吧？真是难以置信！"

"是啊，确实如此！咱们也没掐着时间，却跟设定好的一样，就像有人已经计算好了把我们关在里面完成这次讨论需要多长时间似的。"

我们两个都不禁为这个神奇的巧合失笑。

后记

我们俩在大楼入口处的路边停下了脚步。

"我之前从不知道自己对于古代是这么无知,也不知道原来古代并不像我以为的那么复杂和枯燥。你跟我说了这么久,说了这么多,可我能记住的恐怕一半都不到。"

"我跟你说的这些也还远远不到一半呢。我也不知道有没有可能把咱们说的所有东西用几句话概括,不过你可以试着说说你都记住了什么,我有点儿好奇。"

"我记得的大概如下:人类出现在地球之上是从几百万年前开始的,在很长一段时间里,我们都像野人一样生存着,狩猎、采集食物。这个时期我们称为'旧石器时代'。我们发现了火,发明了简陋的衣服,开始关心族群中的成员并创造艺术。后来,发生了一场大的'变革',我们学会了耕地和蓄养动物,我们建造了房子并开始定居。这个时期我们称为'新石器时代'。在希腊,新石器时代持续的时间大约是从公元前 7000—公元前 3000 年,对吧?"

"对的。当然了,你不用在时间方面对自己这么严格。"

"可是我觉得时间能够帮助我更好地理解整个古代，能够让我在脑中理出一个顺序，什么时候发生了什么事。青铜时代始于公元前3000年左右，第一个文明是基克拉底文明，有着漂亮的雕像，之后是著名的克里特米诺斯文明和那些辉煌的宫殿，然后是希腊迈锡尼文明，滋养了神话的诞生。所有的这些都终结于公元前1100年左右，这些文明都崩溃了，之后我们进入了黑暗世纪，是在……公元前1200年？"

他停顿了一下，努力回忆着——会这样也很正常。

"从公元前1050年到公元前900年。"

"对！之后是几何时期和复兴。地中海和黑海沿岸布满了希腊的殖民地。在东方化时期，大约是在……哪一年来着？提醒我一下。"

"公元前700年。"

"啊，对……我们将目光投向了东方，大受启发，然后在公元前700年之后进入了古风时期，在那个时期开始了我们称之为'古希腊文明'的各种元素的创造。希腊主大陆分成了不同的城邦，其中最强大的是斯巴达。希腊殖民地扩展到了整个地中海。艺术、科学、哲学、建筑、戏剧、民主制，都在这时候发展起来了！直到波斯人侵，第一次战争是公元前490年，第二次是公元前480年。赢得希波战争之后希腊进入了古典时期。雅典成了佼佼者，艺术、科学、哲学、演说，一切都得到了进一步发展。在古典时期中期，希腊人'窝里反'，爆发了内战，这就是伯罗奔尼撒战争。"

"确切时间是在公元前431年至公元前404年。"

"好吧,我记得没有这么详细!但我记得有一小段时间忒拜崛起成了比较强大的城邦,在这个时期的尾声,希腊北部的一个王国——马其顿王国成为霸主。古典时期以亚历山大大帝横扫全球告终。"

"对!从公元前336年到公元前323年。"

"之后来到了各个希腊化王国的时期,各个大国之间纷争不断,直到一个超级大国罗马,跨过爱琴海,将那些希腊王国一个一个打败,并在公元前30年统治了整个地中海。"

"公元前31年。"

"可是'30'是个整数,更好记啊。"

"是,可是亚克兴海战是在公元前31年啊,能怎么办呢!"

"行了,不用多说了!罗马的统治大致持续到它将都城从罗马迁到君士坦丁堡,古希腊历史大概就这样完结了。呼,就这样了!"

"那迁都是发生在哪一年呢?"

"就算你告诉我,我也记不住。"

"公元324年。"

"聊完所有这些之后,我觉得你给我带来的疑问比答案更多。"

"正常的。怎么可能光在电梯里这么一聊就说清楚整门学科呢?祝愿你通过探索找到你这些新疑问的答案。"

"那是肯定的。我已经在脑中对这些有一个清晰的了解了,感觉能够将每一条获得的新信息都更好地归置在记忆里。我现在只有一个感觉、一种心绪,就是尽管我是在'古希腊是辉煌的'这种观念中长大的,但是此刻我好像意识到它……不仅仅有辉煌……哎呀,该怎么说呢……就是如果认为它仅有辉煌的话,就是对它的一种误解,它还有很多其他的方面。"

"有什么是让你印象深刻的?"

"其他文明对古希腊文明的影响和借鉴,尽管它们由此借鉴,但又将之推向了其他高度,使其腾飞得更高、更远。还有在最辉煌时期发生的内战,还有那些疯狂的僭主和其他各种疯狂的领导者,还有就是一些我们现在崇拜的古人,在当时竟然是默默无闻的。哦对了,还有神话故事中的大男子主义思想、奴隶的地位、哲学惊人的发展……真的,果然凡事并不是非黑即白。但是另一方面,你知道我在想什么吗?所有的这些解读都可能只是你自己对事物的理解而已。"

"确实,我也会无可避免地聚焦于自己认为重要的那些东西之上,但我并不是唯一这样的人。想要接近人类的过去就不可能排除掉人的因素,我们每个人关注的问题各不相同,就算是其他的研究者也可能会聚焦于其他的各种细节,只不过我正好有机会得以强调贯穿整个古代历史的奇妙又复杂的人性因素而已,比如可能移居埃及的米诺斯公主、懒得耕地的女祭司卡尔巴西亚、公元前776年史上首届古奥运会的冠军——厨子科罗布斯(Κόροιβος)。"

"你没跟我说过这个人。"

"我没跟你提到的还有很多。但我跟你说了希波科里戴斯,那个雅典跳舞达人,因为跳了离经叛道的舞蹈而毁掉了自己与克里斯提尼的女儿的婚事,克里斯提尼的女儿因而嫁给了麦加克勒斯并生出了那个创建民主制的人;还跟你说了芙里尼,那个来自乡下的交际花,后来成了阿佛洛狄忒的代言人;还说了演说家科拉克斯、雕刻家阿格拉达,还有曾经是葡萄园工人的埃斯库罗斯、脾气暴躁的欧里庇得斯,以及鞋匠西蒙纳斯——第一个记录苏格拉底对话的人……当然了,也有很多很多人还没有说到,电梯里的一场漫谈怎么可能说得完一整个古希腊?"

"你对于那些人物小故事有一种偏爱,对吧?"

"那是因为,正如你所看到的,正是这些千奇百怪的小故事、这些形形色色的小人物,造就了历史。那些宏伟的庙宇,那些博物馆里重要的展品,那些雕塑,那些金花环,那些巨大的精致的陶瓶……这些自然令人印象深刻,但是哪怕是最小尺寸的文物,其背后也可能有着伟大的故事,让你为之震撼。在雅典古市集的一口井里,我们发现了各种废弃的陶瓶碎片,没有任何装饰或艺术价值,但是其中一些的上面刻了字。比如,其中一片上面刻的是某个人给他邻居的留言:'你来还我借你的工具时把它放在门槛下就好,我出门了。'另一片上面有一封保存下来的最古老的情书,有一个叫阿尔喀西莫斯(Αρκέσιμος)的年轻人给他的小女朋友欧米丽达(Ευμηλίδα)留了一条信息,让她去和他约会。但是他心潮澎湃、迫不及待,看着那条信息觉得这么写还不够,于是又在文字之间挤下一句'尽快',让她越快越好。"

"哈哈哈!这个年轻人果然迫不及待。那她赴约了吗?"

"不知道。"

"可惜了!关于古人的爱情和性爱我们一点儿都没有说到呢。"

"这是一个很大的话题。"

"你知道我好奇的是什么吗?有人说他们是同性恋。古人都是同性恋吗?"

"我将通过古代的宗教和神话来回答你这个问题。宙斯就是史上最大的情场猎手,在他数不胜数的伴侣中,也包括年轻男子,其中最出名的就是伽倪墨得斯(Γανυμήδης)。阿波罗的情史中也既有女人又有男人。卡利斯托(Καλλιστώ)是女神阿尔忒弥斯的随侍仙女,宙斯幻化成阿尔忒弥斯并与她交欢,卡利斯托也没有反对。赫拉克勒斯爱上过很多女人,但也和他的一些同袍相爱过。"

"所以呢?他们所有人都是双性恋?"

"为什么非得把他们纳入现今的婚姻观、爱情观和性别认同观念之中呢?我们生活的社会仍然带着中世纪清教主义和保守主义的残余。如今,主宰地球的一神教的严格伦理道德仍然束缚着我们。古代世界对于性行为是否发生在两性之间并没有那么严格具体的限制,古代的人们也没有那么坚定地捍卫异性恋。你只要把它想成不同的时期有着不同的性行为观念就行了。"

"我对这个印象深刻是因为我觉得古人们能对他们崇拜的神祇,也就是他们自己的宗教赋予这种性行为观念,那就肯定是接受这种观念的。不论如何，你确实打开了我的思路……瞧，这也是对过去的认知教给我们的东西。但是朋友，你知道对古代的认知没能教给我们的是什么吗？"他玩味地说，"就是女人究竟想要什么！"

"哈！这个我能回答。女人想要的和男人想要的一样，和所有人想要的都一样，就是安全感。"

"哪方面的安全感？"

"那种远离所有能使我们恐惧的东西的安全感。普天之下，我们灵魂深处最恐惧的是什么呢？我们自始至终最恐惧的东西是什么呢？是死亡。这也是我们研究考古学的原因——为了了解时间、空间和人类。我们觉得一旦了解了时间，一旦理解了时间的奥义，就能够将它'限制'在我们的尺度之内，能够锁定它并利用它，能够超越死亡。"

"你一下子说东一下子说西，最后竟扯到人类心理学上来了。"

"我不是一开始就跟你说了吗，考古学对古代的认知和对过去的发掘就是人类意识、想象和心灵的'游乐场'。我们所有的经验、所有的忧虑和所有的欢乐都源于我们的过往。实质上，考古学的伟大之处在于它是一场普世的'心理治疗'。"

"临别之前再问一句，对你个人来说，你认为过往的知识中最重要的是什么东西？"

"你是指对我而言最让我惊奇的是什么吗？交际花、妓女、奴隶、弱者、怪人、不合群的人，所有那些不容于他们所生活的社会的人。很多时候,人类进程都是由那些奇怪的人、被驱逐的人、叛逆的人,总之就是那些不为世俗所接受的人推动的。对人类过往的认知就是人类进行抗争、推翻过去、不断进步的最大证明。人类文明是一个持续变化的过程,永远都在变动。比如古典时期的雅典处决了苏格拉底,他是雅典本土培养出来的而不是从别处引进的为数不多的哲学家之一,可能是人类智慧史上最具影响力的哲学家。比如在那之前的几年前,宗教狂热分子驱逐了努力试图战胜迷信的阿那克萨戈拉(Αναξαγόρας),或者比如阿尔西达马斯(Αλκιδάμαντας)的学说丝毫没有人理睬和关注。"

"到目前为止这个人你也未曾提到过啊!"

"有很多的人、很多的事我都没有提到呢,因为不可能在这么短的时间里提到全部的人和事。阿尔西达马斯是一个勇于说出奴隶制不是好东西的人,他主张人人生而平等,因此没有谁天生就是自由民或者奴隶,所有的身份都是人为杜撰出来的,是违反人性的。"

"也就是说,古希腊的思想已经达到如此高度了,已经到了人道主义和人人平等的高度了。"

"也不是所有人都这么想。比如亚里士多德,虽然他是一个著名的哲学家,但是他并不同意这个观点。他认为某些人成为别人的奴隶是一件理所当然的事情。看到这种两极分化了吧?在这个孕育出阿尔西达马斯和其他哲学家思想的文化大染缸中,个人自由和自主这种普世价值观依然无法成为共识。"

"可惜了，亚里士多德！但是从另一方面来看，你知道我在想什么吗？不论他是多么伟大的哲学家，他都有着不尽如人意的一面。"

"我们不都是这样吗？所有人都有不尽如人意的一面啊。所以我才跟你说，单纯说人类过往是好的或是坏的都是片面的、不公正的，好的坏的都同时存在才是真相。古典时期的雅典非常先进，但同时在某些事情上也心存恐惧！很明显，人们并不会轻易接受质疑，而如果提出质疑的人坚持己见，那么他们就成了不被世俗接受的人。那个世界和其他各个世界一样，有着一些勇敢的善于思考的人，哪怕只是少数。那个世界既不属于那些循规蹈矩的、守旧的人，也不属于那些妥协的人。那些人只是生活在那个世界之中而已，既不可避免，也无法摆脱。每个世界都属于那些不被世俗认同，但依旧勇于开拓的人的子孙后代。不是属于那些对父母言听计从的人，而是属于那些敢于相信质疑者的人。这样才会产生新的疑问，有了新的疑问才能开启新的道路，才能摸索出后续能让所有人都满意的新道路，即便那些道路在当时看来并不可行。有多少人在他们所在的时代看起来就是怪胎，比方说阿那克萨图斯（Ανάξαρχος）和皮浪（Πύρρων）！这两个人跟随亚历山大大帝到了亚洲。皮浪通过观察波斯魔术师和印度佛教徒，回去之后创立了怀疑论学派（Σχολή του Σκεπτικισμού）！而阿那克萨图斯可能是对亚历山大大帝说话最不好听的人。"

"他都说了什么？"

"在亚历山大大帝声称自己是'天神之子',是'宙斯阿蒙的儿子'的时候,阿那克萨图斯指着他的一处伤口说:'这里流出来的看着是凡人的血啊'。而当医生开出止血膏药的时候,阿那克萨图斯低声念叨:'那可太好了,我们的神把他的希望寄托在膏药上了!'而且据说他还曾把亚历山大大帝说哭了,他说很可能存在着无数个我们一无所知的世界,而亚历山大却连我们唯一知道的这一个都无法完全征服。"

"这个听起来有点像量子物理和平行宇宙。"

"是啊,人类无穷无尽的想象和智慧真是太美妙了!更美妙的是这些都发展成了今日的实证科学。还有,'银河'这个词也是自古就有的。"

"哦?怎么出现的?"

"赫拉克勒斯降生的时候,需要吸食众神之母赫拉的乳汁才能获得神力。而赫拉自然不想搭理自己的丈夫和其他女人所生的孩子。于是,宙斯吩咐赫耳墨斯趁赫拉睡觉的时候把孩子抱过去放在她胸前吸奶[①]。赫拉醒来后大吃一惊,将孩子丢得远远的。滴落在地上的乳汁变成了白色的百合花,而洒向空中的乳汁则形成了银河。因此,在英语中银河也叫作'乳汁之路'(Milky Way)!"

"哇哦!赫拉克勒斯也是从小就被迫害啊。"

[①] 另一种说法是宙斯让雅典娜设计使赫拉喂养赫拉克勒斯。——编者注

"尽管如此,他还是取得了成功。社会中很多被迫害的凡人也是如此。比如马洛尼亚(Μαρώνεια)的希帕嘉(Ιππαρχία)!我怎么就忘记跟你说这个人了呢?这是个神人啊!"

"她做了什么?"

"她的父母从色雷斯的马洛尼亚移居到了雅典,希帕嘉在那里认识了一个波希米亚主义哲学家克拉特斯(Κράτης)!"

"波希米亚主义是指?"

"'懒散',我的朋友!克拉特斯是一个犬儒哲学家。犬儒学派的哲学家们都摈弃物质财富。他出生在忒拜一个非常富裕的家庭,但他放弃了所有,将财产捐赠给政府之后动身去了雅典。在那里,希帕嘉由于他的才华而爱上了他。但是希帕嘉的父母完全不同意二人的关系,他们请求克拉特斯自己去说服他们的女儿离开他。据说克拉特斯当时就把衣服脱下来丢掉,赤条条地站在她面前,说:'这就是我的全部了!'希帕嘉当时就为之疯狂了。之后,两个人在世俗之外相亲相爱地生活在一起了,尽管总有人对他们指指点点,因为在当时的社会,人们无法接受夫妻之间相互尊重且完全平等地生活在一起。后来,希帕嘉和另一位哲学家——无神论者西奥多罗斯(Θεόδωρος ο Άθεος)发生了口舌之争。西奥多罗斯为了羞辱她,当众扒光了她的衣服,但是希帕嘉丝毫没有抵抗。"

"她对自己的身材这么自信吗?"

"这姑娘对于身体羞辱毫不在意,她的关注点在别处!西奥多罗斯怒火中烧,转头对着她说:'一个不纺织、不编织的女人算什么女人？'她回答道：'你觉得我没有把时间浪费在纺织上而是用在哲学上是一个错误的选择吗？胡说八道！'她确实是开辟了前所未有的道路。虽然在当时看来格格不入，但对我们来说确实令人钦佩。而且如果你细想的话，就会发现苍天有眼，那些迫害质疑者的人，他们的后代最终却在歌颂那些质疑者。在某个遥远的地方，无论是哪里，苏格拉底和他的后人们的灵魂也许可以安息了。因为那些守旧的人，他们的孩子们却是赞颂叛逆者们所取得成就的人。而世界是孩子们的，赫拉克利特也这么说。"

"那个'黑暗'哲学家赫拉克利特，就是说荷马坏话，还建议我们打他耳光的那个？"

"就是他。在生命的最后几年，他过着离群索居的生活，只跟那些在以弗所（Έφεσος）的阿尔忒弥斯神庙的院子里玩耍的孩子们说话。他把自己写的唯一的书献给了这座神庙。就我个人而言，我选择相信在这本书中，赫拉克利特在思想上比其他任何人都更接近万物的真相。赫拉克利特选择远离那些不待见他而他也不待见的人，孤独地死去。可惜那本书留传下来的只有几句话，其中一句是：'时间是一个玩骰子的儿童，儿童掌握着王权。'"

他向我道了谢，我们交换了电话和社交账号之后告别了彼此。转过街角的时候，我突然意识到自己从来没有问过他是从事什么工作的。会不会这场讨论最终只是我在自说自话罢了？我拦了一辆从远处驶来的出租车。

上车之后我跟司机说载我去考古博物馆。

没过几分钟我们便堵在了几十辆车中间，就连摩托车都动不了。目之所及的地方全都堵着车，司机们不得不认命等着。有那么几分钟的时间，能听到的只有出租车上的收音机里传来的音乐。

"有的等了。"司机无精打采地说。

"没关系。"

"看来我们得在这里堵上好一会儿了。"

"我不赶时间。"

"你是要去博物馆的游客吗？"

"不是，我是考古工作者。"

"哇，考古可太棒了。我们有着光辉的历史，我们的祖先也充满智慧，不像现在的人。"

"嗯，也不是所有人都充满智慧。他们也不过是普通人而已。"

"什么意思？列奥尼达（Λεωνίδας）、阿喀琉斯、亚里士多德不都很伟大吗？他们不都是古人吗？虽然这些我学得不太好，了解得也不多。"

"对任何人来说，要了解过去都不是一件困难的事。"

"那只是你的说法而已，你毕竟学过了，哪像我们普通人！"

"我可以用简单的话讲给你听，反正我们有的是时间……"

参考书目

对于所有想要更多地了解古希腊的人来说，参考书目这方面真的是一团混乱。您可以通过下列的参考书目，更好地继续解开许许多多故事的谜团：

［1］ 帕诺斯·瓦拉瓦尼斯. 古希腊的伟大时刻[M]. 雅典：卡鹏出版社，2018.

［2］ 马诺利斯·弗迪拉斯，亚历珊德拉·古拉奇—弗迪拉. 古希腊艺术及其辐射[M]. 雅典：现代希腊研究所（马诺利斯·特利安达菲迪斯基金会），2011.

［3］ 安德烈·乔治乌. 赫拉克利特：失败的胜利者[M]. 雅典：科沃奇出版社，1997.

［4］ 迪米特里斯·普兰佐斯. 希腊艺术与考古（公元前1200年—前30年）[M]. 雅典：卡鹏出版社，2016.

［5］ 迪米特里斯·普兰佐斯. 古典考古学：经验法则回顾[M]. 雅典：二十一世纪出版社，2014.

［6］ 奥利弗·狄金森. 爱琴海·青铜时代[M]. 雅典：卡尔达米察出版社书籍研究所，2003.

［7］ 马修·约翰逊. 考古学理论介绍[M]. 伊拉克利翁：克里特大学

出版社，2018.

[8] 理查德·西奥多·尼尔. 希腊世界的艺术与考古（公元前2500—150年期间）[M]. 雅典：卡尔达米察出版社书籍研究所，2018.

[9] 科林·伦福儒，保罗·巴恩. 考古学：理论、方法与实践[M]. 雅典：卡尔达米察出版社书籍研究所，2001.